强海国士

中国工程院院士金翔龙传记

王 攀 著

海洋出版社

2017年·北京

图书在版编目(CIP)数据

强海国士：中国工程院院士金翔龙传记/王攀著.
—北京：海洋出版社，2017.4
ISBN 978-7-5027-9766-9

Ⅰ.①强… Ⅱ.①王… Ⅲ.①金翔龙-传记 Ⅳ.①K826.14

中国版本图书馆CIP数据核字(2017)第083420号

QIANGHAI GUOSHI

责任编辑：杨传霞　王　溪
责任印制：赵麟苏

海洋出版社 出版发行
http://www.oceanpress.com.cn
北京市海淀区大慧寺路8号　邮编：100081
北京朝阳印刷厂有限责任公司印刷　新华书店北京发行所经销
2017年4月第1版　2018年6月第2次印刷
开本：787mm×1092mm　1/16　印张：19
字数：208千字　定价：68.00元
发行部：010-62132549　邮购部：010-68038093　总编室：010-62114335
海洋版图书印、装错误可随时退换

在实验室中

1986年东南岩石圈研究项目野外地质考察

陪同时任科技部基础司副司长邵立群（中）与时任海洋局副局长倪岳峰（左一）视察海洋二所遥感室

中国大百科全书海洋科学卷编委合影（1983年）（前排左一为金翔龙）

参加南海问题研讨会（左一为时任海洋二所副所长金庆明）

参加南海问题研讨会（右一为南海分局鲁梦余高工，右二为海洋二所彭阜南教授）

1999年深海钻探船JOIDES RESOLUTION停靠香港，听取航次报告(前排：左为郝怡纯院士，中为金翔龙院士，右为张弥曼院士；后排：左为孙枢院士，中为涂光炽院士)

2002年与美国国家自然科学基金会海洋地学部前主任Haq教授会谈

2002年参加中国地质大学五十周年校庆（从左至右：汪集旸院士、金翔龙院士、卢耀如院士；后排右一：徐衍强总工）

2006年获光华科技奖

2006年中国工程院农业学部香港考察研讨会

2006年中国工程院农业学部院士代表团赴香港考察

2008年金翔龙院士（右一）、李家彪院士（右二）等参观山东科技大学地球科学学院实验室

2009年金翔龙院士在海口出席海岛（礁）测绘技术国家测绘局重点实验室揭牌仪式合影

2009年考察美国盐湖城CAMPBELL公司

与日本好友以西教授合影

2003年法国尼斯国际会议期间与学生欢聚在一起

2011年加拿大考察（背景为海底观测网接驳器）

2011年参观广东省海洋与渔业局

2011年山东海岛地质考察

在办公室查阅资料

在杭州参加中国大洋矿产资源研究开发协会工作会议

金翔龙院士（右二）访问日本地质调查所

1999年与韩国科学家Park教授共同主持海底演化与资源、环境国际学术讨论会

在美国劳雷工业公司展台前合影（右三为金翔龙院士）

1999年金翔龙院士（右三）在杭州参加国际学术讨论会

金翔龙院士（右四）在青岛参加中国工程院农业学部常委会

2016年在北京参加全国海洋科技创新大会（中为王颖院士，右为陈大可院士）

2009年参加南极科学考察，金翔龙在雪地车上

2012年近距离考察北极入海冰川，背后为冰川与海上浮冰

获2012年度全国十大海洋人物

2016年获国家海洋局颁发终身奉献海洋纪念奖章（右二为金翔龙，照片由中国海洋报提供）

早期全家合影

金翔龙伉俪在青岛

题 记

太山不立好恶,故能成其高;江海不择小助,故能成其富。故大人寄形于天地而万物备,历心于山海而国家富。

——韩非子

大海给了我们茫茫无定、浩浩无际与渺渺无限的观念。人类在大海的无限里感到他自己的无限的时候,他们就被激起了勇气,要去超越那有限的一切。

——黑格尔

序 言
为海洋地质事业而奋斗

有个成语，叫"焦不离孟，孟不离焦"，说的是评书《杨家将》里的两位大将孟良、焦赞。在民间传说中，这两位可爱的人物不仅忠肝义胆，而且彼此交情深厚，常常一起登台亮相，几乎称得上是形影不离。我和金翔龙大概就是这种"焦不离孟，孟不离焦"的关系。

1934年11月29日，金翔龙出生于南京，1956年毕业于北京地质学院矿产普查与勘探专业，同年经国家分配到中国科学院青岛海洋研究所，从此开始海洋地质研究，并为海洋地质事业的发展而奔走、呼吁。他推动了中国海的普查和中国海洋地球物理技术的发展，参与创建了中国的海底科学专业，虽经挫折而不悔，为中国海洋事业作出了不可磨灭的贡献。

1958年国务院科学规划委员会海洋组组织中国科学院、石油部和地质部在青岛组建中国海第一支勘探队伍，当时主要干将之一就是金翔龙。记得当时我和他每每工作到深夜，常用花生米加白酒来舒豪情、解困乏。这样一干就是60多年，直到今天我们还常常见面，彼此相携共进，为中国的海洋事业发挥一些余热。

《韩诗外传》里说："同明相见，同音相闻，同志相从"。我和金翔龙最大的共同点，就是对中国海洋事业的热爱。60多年前，当他从北京地质学院里走出的那一刻起，"海洋"就成为铭刻在他身上的不可磨灭的印记。他走出了一条前人没有走过的"从沙漠到海洋"的道路，他没有门户之见，从来都是对朋友和同事敞开怀抱，不论是在全国海洋普查还是后来的各项海洋探测与研究之中，他都是队伍中的灵魂人物。人们愿意和他打交道，听取他的见解，他也满怀激情，不知疲倦地实现一个又一个的"零的突破"。

他是一个能吃苦、肯下死功夫的思考型学者，也是一个思维敏捷、触类旁通的实践型学者。他不喜空谈，做学问追求一个"实"字。他是中国海底科学的开拓者，也是中国许多海洋重大项目和任务的操盘手。他将理论的探索和自身的实践相结合，集海洋地质、海洋地球物理和海洋地球化学等为一体，将海底研究上升到了科学的高度，这是对中国海洋事业的极大贡献，也是对全球海洋理论研究的重大贡献。他在中国科学院海洋研究所组建的现代化海洋地球物理技术系统、他用系统论建造的"科学一号"调查船、他在国家海洋局组建的现代化的海底探测与信息处理系统、他主持推动的863项目海洋部分，对于中国海洋科学和海底科学从实验室走向生产一线起到了决定性的推动作用。

序　言　为海洋地质事业而奋斗

我和金翔龙都出生在中华人民共和国成立前，经历过山河破碎、满目疮痍的那段烽火岁月，而历史留给我们的，是对这片国土的深沉感情。对于金翔龙来说，"国家任务"就是他个人冲锋的号角，也是他终生不渝的信念。

他是中国大洋矿产勘探的先行者之一。1990年，他代表中国出席国际海底管理局和国际海洋法法庭筹备委员会会议，接受联合国技术专家组对我国东太平洋多金属结核矿区的技术审查，面对各国专家，他以一口流利的英语答辩，最终为中国争取到15万平方千米的理想矿区，为我国成为世界上第五个国际海底先驱投资国作出了关键性贡献；1991年到1993年，他受命参加在印度尼西亚和菲律宾等地召开的南海潜在冲突国际研讨会，折冲樽俎，舌战各方，切实维护了我国的海洋权益；1994年《联合国海洋法公约》生效后，他进一步倡议加强了大陆架及邻近海域勘查和资源研究，倡导建立了中国大陆架及邻近海域划界方法研究和数据库建设，为我国大陆架和专属经济区权益保护作出了重要贡献。

中国是一个海洋大国，也必将成为一个海洋强国。我们的未来在海洋。党的十八大以来，"海洋强国"战略得到切实推进实施，金翔龙的工作重心向海洋经济、海洋工程等领域转移。他在各地奔波不息，谋求推动我国海洋工程科技加快发展，追赶世界先进水平；他积极投身各地海洋经济发展，为海洋空间的开发和利用出谋划策，他在我国海洋功能区划编修上作出的贡献，为业界所广泛称道。

桃李不言，下自成蹊。我和金翔龙常常互相为对方考教学生，他对年轻人的关心与爱护，也有目共睹。受他言传身教过的弟子，目前遍布祖国海洋系统的各个领域，有的也成为了院士，有的走上了各级领导岗位，发挥着中流砥柱的作用。

海洋贯通了我们这颗蓝色的星球，也是人类彼此交往的最主要通道。中国发展海洋事业，目标也是为了增进全人类之间的沟通、交流和互利。近两年来，作为全球知名的海洋科学家，金翔龙的主要精力集中到了"一带一路"倡议的落实上来。他在印度洋和太平洋上的谋篇布局，必将给中国和"一带一路"沿线海洋产业带来更多的发展机遇。

我很喜欢读金庸的小说，里面的刀光剑影、儿女情长，都令人心醉神迷。但我最喜欢的，还是那些慷慨以慷的侠客。"侠之大者，为国为民"。这八个字放在金翔龙的身上，也同样适用。

老骥伏枥，志在千里，烈士暮年，壮心不已。我真诚地希望，这本传记的出版，是金翔龙人生的一个新起点。在他的感召下，中国会有更多的年轻人投身到这片蔚蓝的空间，发掘那黑色深处的无穷奥秘。

中国科学院院士

目 录

引　言　走向海洋 / 1

第一章　烽火家园 / 7

第二章　青春之歌 / 27

第三章　黄土戈壁 / 52

第四章　投身海洋 / 73

第五章　普查海洋 / 91

第六章　淬火复出 / 116

第七章　迈出国门 / 133

第八章　冲绳海槽 / 159

第九章　国际合作 / 177

第十章　大洋矿产 / 199

第十一章　沉着应对 / 217

第十二章　经略海洋 / 233

后　记　80岁的年轻人 / 275

引 言
走向海洋

1952年11月7日，北京地质学院首届开学典礼在北京端王府夹道举行。

这是一个青春浩荡、意气风发的时刻。这所后来以"中国地质大学"命名的高等院校此时汇集了来自北京大学、清华大学、天津大学和西南交通大学、西北大学的诸多专业英才，被新生的人民共和国寄予厚望。

有此山河锦绣，自当国富民强。

刚刚从南京来到北京的金翔龙迅速被校园里洋溢的激情打动了。1934年11月出生的他此时刚刚满18岁，抗日的烽火和解放的喜悦还在他身体中游走、在他血脉里沸腾，他心里只有一个念头——赶赴祖国的边疆，为自己的国家"开疆拓土"。

这也是他第一次见到新中国第一任地质部部长李四光。这位世界闻名的地质学家发表了热情洋溢的讲话。他向着第一批入学的青年说，现在新中国办起了惊天动地的事业，北京航空学院是惊天，北京地质学院是动地，"你们就是动地的勇士……你们是新的土地公公、土地婆婆，我代表地质部向你们祝贺。"

但也许连李四光都没有想到，从燕山山脉出发的金翔龙，不仅"动"了地，还"动"得更深、更远——在毕业前夕，他毅然从陆地走向海洋，探索和开发幽深的海底成为他毕生的使命，也使得他成为新中国海洋事业的先行者与拓荒者。

绵延不绝的燕山山脉上，古老的长城庄严屹立，守护着一望无际的华北沃野；松软丰厚的黄土高原上，高耸的脚架敲打着古老的岩层，开掘出蕴藏亿万年的黑色宝藏；那条黄色的大河从天而来，穿越潼关天险，时刻轰鸣着发出怒吼；看似荒凉的戈壁，散落着松赞干布为文成公主佩戴的名贵宝石，巍峨耸立的座座雪山，挺立起一个民族不屈的脊梁；南国的椰林摇曳，珠江纵横交错环绕着数不尽的稻田与桑林；渤海湾惊涛拍岸，那是圣人的丘陵和新中国的第一口海上油井；从东海海岸出发，大陆架缓缓下行至冲绳海槽，黑潮碧青若黛，钓鱼岛群鸟翔集；南海风高浪急，千年而下，中国渔民世代守卫祖宗之海，西沙南沙如同串串珍珠，耀眼夺目；在美洲的东海岸和欧洲的西海岸，激发的是一个古老国家和民族重振海洋风帆的动力与雄心；太平洋与印度洋上波涛汹涌，科考船劈波斩浪，为世界提供一份打着中国印记的矿产与资源图谱……

沧海桑田，足慰英雄壮怀；天翻地覆，正期来日方长。

事实上，海洋文明的演进，是人类拓展海洋生存与发展空间的进程。从近代早期的"地理大发现"到如今的全球化进程不断提速，海洋都扮演了举足轻重的角色。海洋霸权不仅在西欧的工业化进程中至关重要，也可谓是亚洲、非洲和拉丁美洲苦难历程的"始作俑者"。

自古以来，中国是一个大陆国家，也是一个海洋国家，中华民族始终没有缺席海洋文明的演变进程。从春秋战国的东夷、百越起，中国的海岸区域就已经成为世界海洋文明的发祥地之一；汉开海上丝绸之路，唐宋设市舶使和市舶司，直到1405年郑和下西洋，中国面向海洋，创造了亚洲海洋和平和谐、互补共赢的文明模式。

金翔龙对此念念不忘。在他的案头，摆放着各种版本的《1421：中国发现世界》。编著者、英国退休海军军官加文·孟席斯认为，是中国人最早绘制了世界海图，而郑和船队先于哥伦布到达了美洲大陆，郑和是世界环球航行第一人。为此，加文·孟席斯足足研究了14年，足迹遍及120个国家和地区，访问了900多家图书馆、博物馆和档案馆。

金翔龙毫不掩饰自己对《1421：中国发现世界》的喜爱。对于这位年过八旬的中国海洋科学界公认的前驱与中国海底科学的奠基人而言，探索海洋已经成为他对这个国家肩负的终生使命和不渝承诺。

激励他前行的，是抗日烽火在幼小心灵中留下的家国情怀，是慨然投身革命运动的青春信念，是参与新中国建设的艰苦卓绝，是经历过人生跌宕波折之后的成熟坚定，是改革开放之初打开通往世界之路后的时不我待，以及迈入21世纪之后中国海洋事业进入快车道的壮志豪情……

2012年11月，中国共产党第十八次全国代表大会召开。大会报告在第八部分"大力推进生态文明建设"中明确提出，中国应"提高海洋资源开发能力，发展海洋经济，保护海洋生态环境，坚决维护国家海洋权益，建设海洋强国"。

2013年7月30日，习近平总书记在主持中共中央政治局就建设海洋强国研究进行第八次集体学习时指出，建设海洋强国对于推动经济持续健康发展，维护国家主权、安全、发展利益等，具有重大的意义。他同时特别强调了建设海洋强国的基本内涵，即"四个转变"。其内容为：要提高海洋资源开发能力，着力推动海洋经济向质量效益型转变；要保护海洋生态环境，着力推动海洋开发方式向循环利用型转变；要发展海洋科学技术，着力推动海洋科技向创新引领型转变；要维护国家海洋权益，着力推动海洋维权向统筹兼顾型转变。

这是新的号角。在金翔龙看来，萌芽于现代海洋技术突破的新的立体式的海洋时代正在来临，从以往的"蓝色大洋"向"黑色大洋"挺进，海洋研究的发展空间已经拓展为由海洋水体、海洋上空和海底共同组成的立体空间。在他的推动下，一门融海洋地质、海洋地球物理和海洋地球化学为一体，强调整体观、系统观，从单一学科向多学科交叉融合发展的海底科学正在蓬勃兴起，带动世界海洋科学迈向新的天地。

李四光肯定会赞同金翔龙的做法，因为这位科学大家早在很多年前就大声疾呼，一些陈旧的、不结合实际的东西，不管那些东西是"洋框框"，还是"土框框"，都要大力地把它们打破，大胆地创造新的方法、新的理论，来解决我们的问题。

我们的问题与我们的理论——1842年，也就是鸦片战争爆发后的两年，湖南人魏源写下了500卷之多的《海国图志》。这是中国近代史上最早的一部由国人自己编写的有关世界各国情况介绍的巨著，而人们留下最深印象的，却还是那句"师夷长技以制夷"的泣血呐喊。

那是一个海国竞逐的时代，但是留给中华民族的，却多是锥心刺骨的惨痛记忆。

170多年过去了，我们不能再重蹈覆辙。我们也不允许自己重蹈覆辙。

2016年的7月，由"湘潭"舰、"舟山"舰和"巢湖"舰组成的中国海军第二十三批护航编队，经过20昼夜6 000余海里的连续航行顺利抵达亚丁湾索马里海域，与刚刚完成第928批护航任务的第二十二批护航编队会合，开始联合护航演练。在过去的7年多时间里，中国的海军已经成为全球蓝色大洋上不可忽视的一支力量。

1984年11月19日,我国远洋科学调查船"向阳红10"号和"J121"打捞救生船首航南极海域。它搭载了超过500余名科学家和工作人员。当年12月抵达南极,1985年2月20日建成我国第一个南极科考基地——中国南极长城站,在世界民族之林中开启了我国南极考察的先声,创下自己的记录。

这是一个新的、中国跻身其间的海国竞逐时代。大洋、深海、极地与太空一样,是人类科学探索的"新边疆"。走向大洋、走向深海、走向极地,以更加积极开放的姿态,参与和推动国际交流,在海洋科技、海洋环境、防灾减灾和极地事务等领域加强合作,努力使广阔海洋真正成为和平之海、合作之海,连接彼此,造福人类,这是我国对世界的承诺,也是我国海洋科学工作者们的坚定信念。

如今的金翔龙,已经白发苍苍,但他仍然在构思更为宏伟的中国海洋科学发展的蓝图,和一般象牙塔中的研究者不同的是,他正在将自己毕生的学识与积累投入到海洋科学与中国海洋工程产业链条的构筑之上,希望以此为1949年新中国成立以来中华海洋文明的再次复兴奠定更加坚实的科学与产业基础。

"……只有那在攀登上不畏劳苦不畏险阻的人,有希望达到光辉的顶点。"马克思在《资本论》法译版的序言中写道。也许,在不远的将来,人类也可以在海底寻觅出一条更加宽阔与平坦的科学发展之路。

第一章
烽火家国

1934年，抗日的烽火已经在中国的大地上整整燃烧了3年。

连年的自然灾害、军阀混战已经令这片国土支离破碎、民不聊生，而"九一八"事变、《塘沽协定》的签署，更让这个国家的命运再度陷入了低谷，茫茫中难以看见出路。

就在这一年，在南京市评事街147号的一所宅院里，一对名叫金庆生和刘如琳的年轻夫妇迎来了自己的第5个孩子。

这一天是公历的11月29日，农历的十月二十三日，在当年发行的黄历上，可以看到"阵阵朔风透窗前，吹动松柏枝叶残"的点评之语，似乎和这个国家的极其混乱恍惚的状态相吻合。

但中国人的脊梁和信念终究没有被惨痛的现实完全压垮。尽管之前已经将3个男孩和1个女孩抚育长大，但新生的男婴仍然给金家带来了新的欢乐。自豪的金庆生给自己的儿子取名"翔龙"，小名则叫"联运"。

究竟为什么给孩子取这样的小名，人们的记忆多少有些漫漶不清了。也许是父亲为了纪念自己曾连续打赢几场牌，希望儿子能够继续"连赢"人生；但大伙们猜测更可能的一个原因，则是为了纪念全长达到1 009千米的南北大干线津浦铁路与京奉、胶济、沪宁、沪杭等线路开展联运这一重要事件。

津浦铁路是一条将华北经济中心天津和首都南京以及全国经济中心上海、沿线冀鲁苏皖四省广大腹地连接起来的重要铁路，联运让这条线路与其他铁路形成了新的交通体系，极大地促进了沿线煤矿的生产，以面粉工业为代表的新式工业部门的出现和商业中心的重建，也给当时的中国增添了难得的兴旺景象。以"联运"命名初生婴儿，寄托的是一个年轻人在国家危机四伏的时候，对自己祖国尽快实现富强的良好祝愿。

事实上，无论是大名"翔龙"还是小名"联运"，同样还寄托着对家世振兴的殷切期待。

金家的祖辈靠经营南北货商铺，到了金庆生父亲那一辈，金家已经成为评事街附近闻名的大户人家。1842年鸦片战争之后，清政府被迫签署《中英南京条约》，尽管南京并不在五口通商城市之列，但来自西方的经济冲击也毫不留情地涌入了这座城市。金家的南北货商铺逐渐变成了以洋火、洋钉、洋油等进口工业制品为主打的"五洋店"，在继续维持家计的同时，整个家族的眼界也逐步打开，"开放、求新、求变"的思潮改变着金庆生和他的家庭，让他对开辟新的事业产生了浓厚的兴趣。

这时的南京，也早就不再是"吴宫花草埋幽径，晋代衣冠成古丘"的金陵了，"淮水东边旧时月，夜深还过女墙来"的景象，也已经多半停留在发黄的古卷之中供人追思。作为中华民国的首都，此时的南京还没有直接遭遇战争的侵扰，到1934年，江边马路、国府路东箭道、云南路、建康路、中央路等干道陆续建成，最宽路幅达40米，特别是以中山大道为代表的宽阔林荫道与沿途众多形形色色的近代建筑，形成今天南京旧城的总体格局；环顾整座城市，五年前落成的中山陵四周，新栽的树木刚刚成荫，陈品善设计的蒋介石官邸已经完工，可以提供洁净自来水的水厂则已经运转了整整一年时间——不论是"训政肇端，首重建设，矧在首都，四方是则"的国民政府命令，还是《规划首都都市区图案大纲草案》提出的"不仅需要现代化的建筑安置政府办公，而且需要新的街道、供水、交通设施、公园、林荫道以及其他与20世纪城市相关的设施"，都显示着这座城市似乎还有巨大的潜力可以挖掘，进而在中国的版图中扮演起顶梁柱的城市角色。

受此鼓舞的金庆生把目光投入到祖业中的"洋油"一项。

"洋油"，是中国老百姓对从国外进口的煤油、汽油等产品的统称。尽管直到20世纪60年代，立足大庆油田的神州大地才喊出"中国人民使用洋油的时代一去不复返了"，但那时的金庆生已经敏锐地意识到了石化产业对于国家工业化的巨大意义。这个接受过私塾和现代学堂双重教育的年轻人在多重因素的激励和鼓舞下，和其他几位志同道合的伙伴一起集资在南京光华门外投资建设石化工厂，希望以此实现自己的人生价值，也给苦难深重的国家带来新的希望。事实上，在民国政府的规划中，南京作为首都被划成6个区域，其中就将长江两岸及下关的港口区设作工业区。1934年，在范旭东、侯德榜等人主持下，工程技术人员在南京六合县卸甲甸建设一座设计能力为5万吨硫酸铵的化学肥料工厂。他们平整土地，修筑马路，建造厂房，凡国内、厂内能制造的机器设备，均自行解决。经过土木建筑、设备安装，单体、联动、局部、全部试车后，实现了一次投料生产即成功的出色成绩，并于1937年2月5日造出了第一批国产硫酸铵，令国人为之一振。

人们现在已经不清楚金庆生的石化厂建设的规划与推进的具体细节了，但在那个官僚资本主义横行、民族资本企业步履维艰的年代，这家石化厂并未能复制侯德榜的奇迹，而是和其他多数类似企业一样，很快就陷入了困境。在金翔龙出生前，因为工厂的倒闭，金庆生被迫出售了祖辈多年积累下来的房产，只有那间赖以起家的南北货铺兼"五洋店"得以幸存，勉力维持着这个大家庭在评事街147号那间六进大院里的平静生活。

这是一间带有天井、花园和厢房的典型中式大院，房间里铺设有木地板，大厅内陈设有唐寅的画作，前门则是那间远近闻名的商铺，需要每天上下门板，保持对外营业，家人们主要靠开设在富德巷的后门进出。而在金翔龙之后，又一个妹妹降临人世，金庆生夫妇需要养育的孩子增加到了6个，承担起这一职责的除了他们的母亲刘如琳和外婆徐鉴之，还有一位亲如家人的保姆朱妈，后者被孩子们亲切地称作"姆妈"。

那是一段短暂的甜蜜时光。每天早上，孩子们会被收音机里传出的歌曲唤醒，这时，父亲金庆生就会穿过整个大院，踱步走进位于宅子前半部的店面里，下掉昨晚封上的门板，开始营业。这时，还没有到上学年纪的孩子就会被刘如琳带着识字，她喜欢用现代书籍教育孩子成长，有时还会给他们读点英文书籍。

但多数时候，调皮好动的金翔龙更愿意围在那位南京附近土生土长的姆妈身边，听她讲述民间故事和谚语。刘如琳也鼓励孩子们帮助姆妈做一些力所能及的家务，而每当孩子们帮着她烧火做饭时，朱妈就会反复念叨一句"柴要空心，人要忠心"，给几个孩子幼小的心灵带来最初的人生启蒙。

直到新中国成立以后，人们才知道，朱妈的侄子很早就参加抗日斗争，后来又在解放战争期间参加了苏北游击战，最终成长为中国人民解放军空军部队的一名指挥人员。

但对孩子们来说，更多的日常快乐还是来自于院子里那个面积狭窄的天井。

天井，是中国南方盛行的一种民居建筑方式，也就是露天的院落。尽管相对比较狭窄，但高耸的院墙让天井不仅有利于防火，也能更好地防晒通风。南京作为中国知名的"火炉"之一，夏季炎热而潮湿，在评事街的宅院里，凉爽的天井也就自然而然地成为孩子们最喜爱的活动场所。

金翔龙和他的哥哥们曾经在厅里踢过足球，还在天井里尝试种下了丝瓜。为了练习"轻功"，金翔龙还曾经独自一人在天井的围墙下挖了个坑，整天跳进跳出，以为能像当时流行的武侠小说一样，练出一身的绝学。运动嬉戏累了，孩子们还会跑到后院，从那里的一口井里捞出用麻袋包裹的"冰镇西瓜"，吃个痛快。

然而，宁静的生活很快在全面爆发的抗日战争面前戛然而止。1937年7月7日，卢沟桥事变爆发，日军于7月底占领平津地区。8月13日，淞沪会战打响。8月22日至25日，中共中央在洛川召开会议，决定在敌人后方放手发动独立自主的游击战争，建立敌后抗日根据地。9月，第二次国共合作开启大幕，抗日民族统一战线正式形成。

就在中国军队用血肉之躯抵挡日寇残暴侵略的同时，一场史诗般的工业与工厂西迁行动也随之拉开了序幕。

淞沪战事爆发后，弱小但不屈的中国民族工业做出了向内地迁徙的选择。国民政府资源委员会以及上海、南京等地的企业家们为此设立了专门的组织机构，制订出详尽的转移计划和办法。各厂迁移机件、材料以武昌为集中地，然后再分别转移至宜昌、重庆、西安、岳阳和长沙，广东方向的工厂转移至云南和广西。

在那段时间里，上海的工人冒着日军飞机的轰炸拆卸机器并装箱。在上海的带动下，沿海地区的企业纷纷行动起来，江苏迁出了庆丰纱厂、苏纶纱厂、公益铁工厂、震旦机器厂、大成纱厂等；南京迁出了水利公司机器厂和京华印书馆；浙江迁出了中元造纸厂和嘉兴民丰纸厂。

后来的历史学者这样形容这段迁徙："这是中国历史上从没有过的举国大搬迁。无数的中国人——企业家、资本家、政府官员、技术人员、工人、苦力、船工以及无以计数的各界志愿者，在枪林弹雨中把每台机器、每个螺丝钉都拆卸下来，装在木箱子里，然后喊着号子搬出厂房。在通往中国内地的大江小河上，马达轰鸣的货轮和无数条摇橹的木船拥挤在一起，承载着这个国家最后的精血，缓慢但却是异常顽强地向着中国的腹地而去。"

仅仅凭这蚂蚁负重般依旧前行的中国人，这个民族的生存韧劲、忍辱负重和绝不屈服，在抗战的初期就宣示出这样一种前景：无论战争还要打多久，无论这片土地被战争蹂躏到什么程度，只要这个民族的意志没有消失，他们的敌人企图使这个国家和人民屈服的可能性就为零。

正是在这种气氛与环境中，怀有一技之长的金庆生做出了举家西迁的决定。原有的南北货贩卖已经不能正常继续，而后方的工业建设正迫切需要每一个懂得现代工业技术的人才。

这是一个艰难的决定，年轻的金庆生和刘如琳带着6个孩子和其他一些女性亲眷一起，和搬迁中的工厂、企业一起沿着水路首先辗转抵达武汉，在金翔龙一位爷爷辈的远房亲戚家中暂时落脚。这是金家近百年来第一次搬离南京，也是金翔龙人生记忆的第一个真正意义上的"起点"。

武汉，自古就被形容为"九省通衢"，东接苏皖，西邻黔蜀，南接湘粤，北达豫冀，长江与汉水、平汉与粤汉铁路在此交汇相连，是中国中部地区最重要的水陆交通枢纽。抗战开始后，大批的人口涌入这座城市，使之成为一个重要的政治、军事、经济、文化中心。

在金翔龙的记忆中，"汉口爷爷"就是在这样一种动荡不安但又激情澎湃的环境下挤出来一间屋子安置自己一家近10口人。大伙不得不挤在一起睡觉，每天都需要用一种"汽油炉子"生火做饭，呼噜噜的打气声音让金翔龙记忆犹新。他的哥哥们开始上学，但他还没有到上学的年龄，只能趁哥哥们放学回家的空儿，背起他们的书包在院子里奔走呼唱。他唱着："向前走，别退后，生死已到最后关头。同胞被屠杀，土地被强占，我们再也不能忍受……"，"大刀向鬼子们的头上砍去……"，"起来，不愿做奴隶的人们，把我们的血肉筑成我们新的长城……"。

第一章 烽火家国

在这短暂的一年时光中，中国的抗战形势仍然在持续恶化。1937年11月20日，国民政府宣布迁都重庆。12月13日，南京沦陷，日军随后对南京放下武器的中国军人和手无寸铁的中国平民施虐与屠杀，成为人类历史上最凶暴、最野蛮、最残忍的事件之一；1938年4月，中国军队取得台儿庄大捷，但却不能改变战场上的整体溃败局势；1938年5月，花园口决堤，河南、安徽、江苏三省约6000万民众受灾，2000多万民众流离失所；6月，长江马当要塞陷落，日军兵锋直指武汉。至此，侵华日军兵力达到前所未有的高峰，总计825000余人，占日本全国总兵力的91%以上。①

残酷的战争和侵略者的暴行给年幼的金翔龙留下了不可磨灭的印象。这时，高亢入云的抗战歌曲已经取代了儿歌，成为他最喜爱的歌曲；尽管院子狭小，但年幼的他可以背着行李，在院子里奔走上一整天时间，模仿部队行军打仗。一位和他们家同时从南京迁出的娘娘抽空带金翔龙去了一次位于汉口的中山公园，在那里他第一次看到了穿着和服、带着孩子游玩的日本人——在与日本侵略者殊死搏斗的同时，中国民众依然给予日本普通民众以正常的安全保障，也坚守住了一个民族的道德基石。

1938年8月3日，随着战争形势的变化，武汉卫戍总部发表《告武汉同胞书》，希望"老弱妇孺同胞们赶快疏散到后方去、乡村去"，以"更可以积极地安心致力于应做的生产事业，以解决自己

---

① 王树增，《抗日战争》第一卷，第497页。

的生活，同时更可以补助国家，增加抗战的力量"；10月24日，中国军队弃守武汉的命令正式下达，27日，日军占领空城武汉。

成千上万的中国人再次向国土的更深处走去，除了少数人可以搭乘火车与轮船外，他们中的绝大多数要依靠马车、牛车和自己的双脚，一步一步走向云贵高原和四川盆地，丈夫扯着妻子，孩子背着孩子，所剩无几的家当装在嘎吱作响的木轮车上翻山越岭，同时也要躲避日军的轰炸与追杀；武汉的工业设备再度向西迁移，大部分沿着长江水路向着重庆溯江而上，从机器五金到陶瓷玻璃、化学矿业、印染纺织、食品加工，这是维持中国抗战能力的最后一点骨血，也是昭示一个民族不屈意志的无声宣言。

宜昌由此成为一个重要的中转点，江边的工业设备堆积如山，江中的轮船、木船樯橹相连，昼夜穿行。在这里经过向西的还有大批中国最著名的高等院校师生，他们在路上阅读中华文明史，这部历史证明："纵使天崩地裂，民族绵延不绝"。①

撤离武汉的人群中，也有金翔龙一家。在经历了数月的艰辛路程后，一家人最终也经过宜昌进入重庆，并在那里定居了下来。金庆生作为整个家庭中唯一的成年男子，肩上担负的压力之大可想而知。此时，长期动荡的迁徙生活已经严重损害了他的健康，全靠积蓄维持的家计也日益困窘，最终陷入了捉襟见肘的地步，寻找到新的工作已经成为燃眉之急。

---

① 王树增，《抗日战争》第二卷，第64页。

第一章　烽火家国

古城重庆，位于中国西部的一座战略重镇，位于嘉陵江和扬子江的汇合处，邻巴山与巫山天险，扼守长江水路要冲，在地理上犹如一座天然的军事城堡。这里同样物产丰饶，西方记者描述说，作为战时陪都的重庆，"宛如一座大花园……满山梯田，到处竹林，一片棕榈和柑橘，使人想起亚热带的地方，这个富饶的盆地平原，松树弯曲茂盛，神秘的群山环抱，悬崖峭壁耸立……"

金庆生一家先在重庆市区住了下来。这里他们找到了一个安静的小院，举家住在院子里一栋两层楼房的二楼；金庆生最初在位于海棠溪的西南交通公司里找到了一份工作，负责协调疏导重庆到贵州、云南等地的交通，微薄的薪水勉强可以支撑家庭的生活。这时的重庆，古旧的城墙依然在嘉陵江蕴藉的水汽中弥散着古老的气息，花摊布满整座城市高低不平的街巷，百姓的生活在水仙花、杜鹃花的香气中显得坦然而从容，也凸显着作为中国人的自尊与顽强。

日军无法从陆路和水路攻克这座城市，于是他们向这座山城疯狂地倾泻炸弹，无差别地轰炸民居与平民，制造了世界空战史上最为黑暗的一页。1939年5月3日的一次轰炸就造成673名平民死亡、350人受伤，1 068间房屋被毁；5月4日轰炸，落弹区从中山公园到嘉陵江边长一千米以上，从朝天门码头到七星岗之间长约两千米，造成3 318人死亡、1 937人受伤，连英法使馆和美国教堂都未能幸免。

金庆生一家的小院也在这次轰炸中变成一片废墟。反复躲避轰炸的经历让这个还不到六岁的孩子彻底明白了什么叫侵略与屠杀，什么叫"国仇家恨"。大轰炸之后，从防空洞出来的青年直接参军入伍，城郊的农民打开家门接纳城里人和外地人，金庆生也带着家人从市区搬到了位于南岸的龙门镇，这里山峰竦峙，更方便躲避轰炸，能够让孩子们避开随时可能降临的死亡风险。

全家选定的新住址位于山窝窝里的板栗湾，房东将原来猪圈旁用于陈放杂物的一间屋子腾空给了他们，虽然阴暗潮湿，但毕竟给了一家老小一个安身之所。等到全家搬进新居时已是半夜，金翔龙的外婆和母亲出门找当地农户买了一些豌豆青苗放在灶里烤熟，就此混过了晚餐，也拉开了金翔龙新的人生序幕。

搬家后由于路途遥远，金庆生在西南交通公司的工作已经无法持续下去了。很快，他在龙门镇上一家官办猪鬃企业里找到了新的岗位。

猪鬃，猪脊背部长而硬的鬃毛，曾经是中国最重要的出口物资之一，具有根条均匀、软硬适中、油性大、吸附性能良好等特点。在军事工业中，从油漆兵舰、飞机及各种军用车辆到清刷机枪、大炮的枪管、炮筒，一样也离不开猪鬃的使用。

也正是由于战事紧张、猪鬃需求量持续扩大，这家工厂的孙姓厂长决定给员工自盖宿舍，以提升工作效率和产量。金庆生于

第一章 烽火家国

是把全家搬到了位于龙门镇中心的工厂宿舍里。

1940年的夏天,再次搬家后的金翔龙开始上学。六岁的他入读龙门浩中心小学。这是一所在重庆教育史上留下过深刻印记的小学,学校的另一位知名校友是袁隆平,中国和世界的"杂交水稻之父"。直到20世纪90年代,人们才意识到,正是从这所小学里走出来的两位少年,为这个国家做出了难以估量的贡献。

但那时,他们还都只是孕育着希望与梦想的孩子,下课后他们最大的乐趣就是围着大树看蚂蚁,有时候看得入迷,几个孩子连蚂蚁爬了一身都没有感觉。痛恨侵略者的小学生们还在学校里养了一黄一白两条流浪小狗,白的取名叫"精卫",黄的则叫"天皇",孩子们上完厕所也不用草纸擦屁股,就叫"精卫"和"天皇"过来舔上几下。

但和重庆大多数家庭一样,随着时间的流逝,金翔龙一家还是无可阻挡地遭遇了贫穷和饥饿。由于太过劳累,金庆生得了很严重的肺病,当时的中国无法生产青霉素,这些珍贵的药物必须通过香港转运进口而十分稀缺,治疗只能靠中医的土方进行;再加上4个男孩、2个女孩以及母亲、外婆和随着家庭迁移的朱妈,一家10口的吃饭始终是个大问题,除了工厂的食堂可以提供一点午餐帮助外,全家的饭桌上几乎见不到一点荤腥。一次房东杀猪,给金庆生一家送来一碗红糖烧的红烧肉,这才让孩子们打了一次牙祭,以至于几十年后,金翔龙都能回忆起这碗肉的甜蜜香气。

很快，随着病势的沉重，金庆生已经无法正常工作。在孙厂长的帮助下，母亲刘如琳进入了一家牙刷厂工作，挑起了生活的大梁；正在白沙镇上中学的大哥也辍学回家，进入工厂当练习生，帮忙养家糊口。

这是一段最为窘迫的岁月，在久病难愈的情况下，1945年初，金庆生离开人世，但当时家中却无力支付丧葬费用，是哥哥们去镇上哭求了一口棺木回来才得以安葬。在此之前，外婆早已撒手人寰，同样葬在了重庆南岸的山坡之上。因为缺衣少食、缺医少药，少年金翔龙也先后患上了肺炎与百日咳，在很长时间里病假连连，直接影响了在校的出勤率而被迫留级一次。

家庭的苦难与国家的危难叠加在一起，刺激着那个年代的孩子们更快地成长与成熟，激发着他们强烈的爱国主义感情。战争的残酷仍在继续。无休止的轰炸中，人们在工厂对面的山坡上开挖了新的防空洞，每当凄厉的警报响起，裹了小脚的保姆朱妈就会一把背起金翔龙，一路跌跌撞撞地冲向防空洞；一次，炸弹落在了工厂隔壁中正书局的印刷厂里，但没有爆炸，让全家人回想起来都为之庆幸不已；还有一次大轰炸后，一个同去念书的哥哥迟迟未能从学校回家，全家人心急如焚，等在学校的金翔龙更是急得嚎啕大哭，好在哥哥最后还是顺利回家；有的夜晚，整座城市还会因为轰炸的火光和房屋燃烧形成的火海而被照得通亮，这让站在南岸山坡上俯瞰重庆市区的金翔龙刻骨铭心，也让"建设强大国家、不受外敌欺辱"的念头深深扎根在这个孩子稚嫩的心灵深处。

他很快成为学校里的积极分子。在课外活动中，他加入了学校的歌咏队，学会了《黄河大合唱》等一批抗日歌曲，每逢部队调动或重大活动，他和同学们就会走上街头，为战士和市民们高歌鼓劲；他还听从同学的建议，每天早上吞食一个生鸡蛋，以滋养喉咙和增强体魄；在老师和兄长的鼓励下，他喜欢一放学就跑到家附近的邮政总局，翻阅那里的各类刊物，向在那里停留的中学生和大学生们请教知识，还第一次看到了共产主义读物和包括毛泽东在内的中共领导人形象，这一切都给他留下了深刻的印象。

在痛恨侵略者的残暴与凶恶的同时，国民党政权在抵御外来侵略过程中暴露的腐朽与无能，也激发了这个少年开始追求光明与信仰的新的步伐。1941年太平洋战争爆发后，全球反法西斯斗争进入了新的阶段，然而随着战争的持续，国际反法西斯斗争的不断胜利与国民政府的节节败退形成了鲜明的反差。受"十万青年十万兵"的鼓舞，金翔龙的老师中有不少人毅然投笔从戎，加入中国远征军开赴缅甸前线。少年们和老师们哭着惜别。然而随着时间的流逝，从前线传回来不仅有血与火的战报，也有这些老师对时局的深刻认知与洞识，让孩子们开始认识到国民党统治的黑暗；1944年底，就在欧洲战场和太平洋战场都进入全面反攻阶段的同时，中国战场却迎来了一场几乎不可思议的豫湘桂大溃败，日军兵力抵达贵州的独山，重庆震动，紧急调往前线的部队占据了金翔龙的学校作为临时军营，教室变成了宿舍，操场变成了武器场，在那个特殊的时刻，即使对于金翔龙这样的少年来说，在看到基层官兵奋力苦战、牺牲累累的同时，军队整体作战能力的低下与国民党政权信誉度的下降也已经成为无法掩盖的残酷现实。

历史的时针终于走到了1945年8月15日晚。那天金翔龙和往常一样，同几个伙伴跑到父亲工厂里的一间工会办的茶室里听收音机。他们没有钱喝茶，但是免费的收音机可以提供给他们当日的新闻与时事，有时还可以跟着学唱抗日歌曲。就在那天晚上，10岁的金翔龙听到了日本投降的消息，也迅即听到了整个山城汹涌如浪的欢呼声与鞭炮声。金翔龙和同伴们热泪盈眶，欢呼雀跃，在那一刻，他不止一次想到自己刚刚离世的父亲，距离目睹胜利的到来只差了短短几个月的时间，如果能坚持到这一刻，他也许会重新点燃自己实业救国的梦想、追求更加美好的未来吧！

事实上，早在当天18时，设于重庆的中央广播电台就以中波频道第一次广播了日本投降的消息，并于19时、20时、22时数次重播这一消息。那是一个不眠之夜，重庆数十万市民连夜涌上街头，马路上挤满了自发游行的市民，载歌载舞，阻断了交通。

人们张灯结彩，敲锣打鼓，爆竹声震耳欲聋。美国盟军的吉普车陷入了人海，无法行驶，他们就跳下车来，见了中国人就握手拥抱，嘴里叽叽咕咕地讲着洋文，欢快之情溢于言表。人们的衣服都被汗湿透了，人们的嗓子都喊哑了，重庆已经变成了欢浪迭起的大海。

8月16日，金翔龙和朋友们自发前往位于重庆市中心的"精神堡垒"（后来的解放碑）处参加盛大的庆祝大会，带着他们前往的，就是母亲认识的另一个牙刷工厂的厂长。

那是多么欢乐的时刻啊！精神堡垒、较场口，到处是欢乐的人群，人们你挤我，我挤你，谁也走不动路，可谁也不生气，大家都举着手做出"V"字标记，高呼胜利口号。一夜没睡觉的金翔龙觉得自己浑身都是力气，一点也不困倦，就在这个时候，不知道是谁先喊了一声"日本投降了，我们可以回去了"，一瞬间，似乎整个重庆都在喊"我们可以回去了""我们要回家了"，群众大声响应着，金翔龙也大声呼喊着，是啊，我们看到了胜利，我们终于盼到这一天了，我们可以回老家了！

8月15日，日本天皇裕仁广播《停战诏书》，正式宣布无条件投降。9月2日，日本投降仪式在美国海军战列舰"密苏里"号上举行，中国政府将次日即9月3日确定为抗战胜利纪念日，并在重庆举行盛大的庆祝活动。当天的新闻报道说，从较场口通往曾家岩的城区马路两旁，挤满了大约120万重庆市民，各个交叉路口都有人在燃放鞭炮，以至于短短一段时间内，路上竟堆积起一层鞭炮爆炸后的碎纸屑。整个上午，城内的天主教约瑟堂、基督教福音堂里充满了喃喃的谢恩声。佛教罗汉寺里也钟磬齐鸣，教徒们和僧众们朗诵的经文声冲出寺墙，回荡在辽阔的天际。中央社的电文说："八年来沉着紧张领导全国抗战之陪都，显已变成一个狂欢之都市。街头巷尾，人群拥挤，交通为之断绝六小时。百万市民陶醉于千载难逢之欢乐中。对于抗战中身受之苦难，似已忘怀。"

这是一段对金翔龙来说很快乐、但对他的母亲刘如琳而言却是辗转难眠的日日夜夜。除了和孩子一样盼着回家，路费的极度匮乏让她万分焦虑。丈夫和母亲已经离去，全家只剩下自己一个成年人外加保姆朱妈，是无论如何也凑不齐返回南京的路费的。苦苦寻觅、四方打探之后，刘如琳的一位女同事告诉她，自己的丈夫在民国政府国防部的联勤总部任职，通过他的关系，刘如琳可以带几个孩子偷偷混上一艘运输船前往南京——这艘船的甲板上面虽然假装堆上了一些货物，但船舱下全部是军火，是准备运往北方前线"消灭共匪"的。也正是因为这种偷偷摸摸的举动，让这位军官可以做点手脚，把刘如琳等人塞进去，作为"家眷"捎回南京。

1946年初，刘如琳带着金翔龙和他的二哥以及两个女儿改称姓王，先行登船南下。他们5个人从朝天门划着木筏上船，却迅即又被赶下船。事后才搞明白，原来是船上仍然在装运军火、军官担心泄密所致。直到半夜，刘如琳等人才正式登船，被安排在舱底——他们要睡在一堆枪械弹药上驶返南京。

这是一趟一波三折的旅程。经过三峡时，刘如琳等人被叫下船，走陆路绕过称作"鬼门关"的庙河险滩后再行上船。长江穿出三峡，挟带着大量泥沙，沉淀在荆州平原。古称"云梦泽"的大地上河道频繁变迁、淤浅。在驶过荆州江面时，船在行进之中突然搁浅，几乎倾覆，直到几天后才恢复平衡重新上路。人们以为是水鬼作祟，还专门请来僧人做法驱邪，和尚们念经颂咒，还不停向江中撒米，慢慢的船身还真的正了过来。多年之后回想，金翔龙觉得，那很可能是水下江豚被米吸引来回游动，拱松了淤泥，才让整艘船重获生机。

也正是在这个旅程中，金翔龙再次见到了日本人。当靠近荆州下辖的监利县时，运输船的燃煤已经告竭，这里是共产党游击队活动的地方，国军军官不敢登岸，于是要求县政府派船送煤。结果，一群日本人驾驶着一艘木船运来了急需的煤。这艘动力强劲的木船引起了金翔龙的兴趣，热血少年兴冲冲地跳上小船，想去看看究竟是什么发动机，结果拉开舱门，跃入眼帘的首先是一面巨大的"膏药旗"，旗帜下还有硕大的"武运长久"4个字。金翔龙顿时怒火中烧，站在甲板上就要求驾船的日本人撤下旗帜。得到蒋介石政权庇护的日本人哪里在乎一个孩子的怒气,他们气势汹汹地包围了金翔龙,企图对他下手。被争吵惊动的国民党军官赶到后并没有多做些什么,只是含糊了几句就拖走了金翔龙,而对日本人置放"膏药旗"和"武运长久"一事却不置一词。这让金翔龙对国民党军队包庇日本侵略者的不满又增添了几分。

在监利停留期间,刘如琳带着孩子们度过了春节。在和湖北老乡的交往中,金翔龙学会了骑马,娴熟的马上功夫让他终身受益。春节过后不久,在内战全面爆发前夕的乌云密布之中,刘如琳一家终于回到了阔别多年的南京。

六朝古都再次接纳了这个饱经风霜的家庭。

第二章
青春之歌

1946年，春暖花开，运输船驶抵位于下关的中山码头。

金翔龙一家离船登岸。等候在码头上的，是金翔龙的姑姑一家。

到底是回来了！这里还有家人在等候我们！

初一见面，双方喜悦的心情溢于言表。姑姑的女儿、金翔龙的堂姐已经是一家文具店的女主人。她雇来了一辆马车，把刘如琳和孩子们拉到夫子庙接风洗尘。

这时的南京，仍然沉浸在战胜的喜庆气氛之中，市面上呈现出一片繁华景象。尽管直到当年的4月30日，国民政府才在重庆正式发布"还都令"，但早在1945年底，就已经有一些院、部、会先后回到南京开始办公。

在马车的行进中，虽然还能看到城墙之上残留的敌伪标语口号，新街口、中山路、大行宫、四牌楼一带也依稀可见一些日本商店、洋行、会社之类的招牌匾额，但在金翔龙的眼里，整座城市已经基本扫除了侵略者带来的阴霾。街道上处处旌旗招展、张灯结彩，一些店面大门上还张贴着"中国捷克日本；南京重庆成都"这样的庆祝对联，市面上也到处是各种各样的打折、促销、特价信息，书籍、衣物、咖啡、药品等无所不有，人们还能在一些餐厅中找到为庆祝抗战胜利而推出的"胜利"套餐、"和平"套餐等。更奇妙的是，在灯红酒绿的夫子庙，他还能够看到不少政府官员、军队长官类似装扮的人物招摇出入，一掷千金，仿佛这个国家已经升平日久、完全可以纸醉金迷了一样。

不解与愤怒在小小少年的心里慢慢滋生着。自己的鞋子上仿佛还沾着重庆的红色泥土，大轰炸的冲天焰火仿佛就在昨天，满大街还都是返乡的难民——怎么就有人能够如此花天酒地？难道在学校里老师教授的"朱门酒肉臭，路有冻死骨"，说的就是如今这样一幅场景？

短暂的接风宴结束后，返乡的兴奋逐渐散去，生活的困窘迅速再次浮出水面。已经在重庆生活多年的金翔龙已经不习惯老家南京的饮食习惯，这里的黄鱼要炒着吃，菜里也找不到辣椒的踪影；更糟糕的是，自家的祖宅在战乱中早已被人占据多年，不用说评事街店面已经荡然无存，六进的大院也被分割成了若干部分，各成一块天地。第二进小院独居着一个男人，屋里摆放着香炉，供奉着狐仙；面积较大的第三进院大厅，两边厢房破旧不堪；第四进、第五进和第六进也被人占据，在刘如琳前去交涉时，这里的房梁上甚至还能找到金家祖先的神龛。

经历过一场耗时近两个月的拉锯战，金翔龙一家终于收回了部分房产——第四进和第五进房屋拼成的一个面积不大、带有厨房的小院落还给了他们，勉强赶上了大哥他们的到来。可新的问题随之出现：在6个孩子需要抚养的情况下，刘如琳无论如何也腾不出手工作挣钱。她想出了一个办法：出租房屋。于是带着朱妈在内的8口人挤在第四进小院的两间卧室里，剩下的房间则全部租给外地来南京的人员，有时甚至连第三进那个空荡荡的大厅院也可以租出去给人使用。

尽管如此，入不敷出也是这个家庭的常态，再加上要照顾6个孩子，一天下来，刘如琳常常精疲力竭，在最困窘的时候，她把家中的困境写在纸上，贴在卧室的门外，请求孩子们能够体谅。

但即使有时饥寒交迫，刘如琳还是坚持让孩子们上学。从重庆返乡后，不仅其他的兄弟姐妹都开始陆续求学，曾经辍学打工的大哥也重新进入南京五中读书。尽管这要花费家里绝大部分的收入，但刘如琳仍然坚持不让一个孩子辍学。

然而，和哥哥们相比，金翔龙的返校路却出了点岔子——由于在重庆的课程断断续续，而南京的平均教育水准又高于全国，金翔龙不仅难以就读要求较高的评事街小学，即使就读同样在家附近、规模要小上很多的程善坊小学也较为困难。为了赶上课程进度，刘如琳请来自己的同学、被孩子们尊称为"常伯伯"的常老师给金翔龙补课，一同受教于常老师的，还有金翔龙的姐姐。一整个寒假，他都在数学上打转，这门学科渐渐激起了他的兴趣，让他慢慢赶上了程善坊小学的授课进程，而这也为他日后的求学方向点燃了小小的兴趣火苗。

但年初的抗战胜利氛围很快被内战的阴郁和压抑所取代。1946年6月26日，国民党以30万大军进攻中原解放区李先念部队，全面内战爆发。此时，南京市民已经陷入到飞涨的物价漩涡之中，深刻的愁苦与愤懑在整座城市中弥漫。而在南京之外的国统区，驻扎有美军的城市陆续发生各种丧权辱国的事件，7月11日和15日，爱国民主人士李公朴、闻一多在昆明先后遭到国民党特务暗杀，争取和平民主、反对独裁、反对内战的爱国民主运动席卷全国。

即使是正在为学业奋斗的金翔龙也感受到了这种非同寻常的氛围。一名新的、穿着国民党军装的代课老师出现在这所再普通不过的城市小学中。这位谈吐不凡、颇有见识的军人很快赢得了孩子们的喜爱，有时金翔龙还会和几个要好的同学一起去他的"住家"玩耍。但有的时候，这位老师也会支开孩子们，好接待他的几位"特殊朋友"。金翔龙隐约感到，自己的老师并不是一般的军人，他很可能和自己在重庆遇到的那些大哥哥们一样，有着同样的理想和信念。

事实上，也许是在纯真的孩子面前不需要太多的隐瞒，也许是为了给孩子们带来新的希望，这位年轻的"军人老师"并没有完全隐瞒自己的观点和态度。这让金翔龙很喜欢听这位老师的谈话。从飞涨的物价到奇缺的物资，从普通百姓窘迫的生活到达官显贵们的花天酒地，从正在进行的日益激烈的内战，到南京、上海街头风起云涌的群众示威游行活动，老师的犀利言辞和尖锐抨击让金翔龙感到振奋，而来自生活的切身感受也让他清晰地懂得，这位老师说的都是当下中国最真实而惨痛的一面。

1946年的冬天就这么过去了，逐渐赶上学习进度的金翔龙也开始准备报考中学。1947年开春之后，一个问题需要这个13岁的孩子自己决定——到底该报考哪所中学呢？

这时，"军人老师"已经离开了程善坊小学，而勉力支撑一家生活的母亲又实在无力为他筹划这件事情。正在南京五中就读、准备报考大学的大哥建议他考虑报考南京市第一中学，这让13岁的金翔龙感到犹豫不决。

坐落于南京市中心的第一中学历史可以追溯到光绪三十三年（1907年），其前身是设于清代江宁府署箭道、西花园旧址的崇文学堂，随后学堂又和1903年创办的思益学校合并。1927年，在前两所学校的基础上，李清悚创办了首都中区实验学校，实践陶行知教育思想。1933年，这所学校改称南京市立第一中学并一直延续至今。1937年抗战爆发，南京一中部分师生西迁，与苏浙皖入蜀师生联合成立国立二中。1945年，南京一中回迁南京，于原址复校并推行"真教育"，仍然是当时国内最好的中学之一。

能考上南京一中固然好，可要是考不上怎么办？金翔龙自作主张，同时也报考了私立的钟英中学。1947年的夏天，在解放战争的隆隆炮火声中，金翔龙参加了两所中学的录取测试，不安地等待着放榜的那一天。

钟英中学先放榜，金翔龙被录取了。校方通知他去缴费。满怀欣喜的金翔龙到了学校，在办完手续后，一个念头浮上心头：要不顺便去隔壁的南京一中看看？

在南京一中古色古香、中西建筑交错的院落里穿行，金翔龙很快喜爱上了这所闻名遐迩的中学。他找到一位教务处的老师，希望打听自己的成绩。

"叫什么名字？"老师问。

"金翔龙。"他回答说。

看着老师的指尖在录取名册中滑动，少年的心仿佛停止了跳动。老师的手指停住了，横着划了一下："嗯，你被录取了。"

欢呼雀跃的少年奔跑着出了校门，打算把这个好消息以最快的速度报告给母亲。可是转念一想，那笔已经缴纳的不菲学费对于这个贫困的家庭来说可不是一笔可以轻易放弃的财产。他鼓起勇气又重返钟英中学，死皮赖脸地纠缠起学校教务人员。1个多小时后，他拿回了自己缴纳的预付学费，转身又进了南京一中。

5年半的中学时光就这么拉开了序幕。1947年秋天，金翔龙开始在中式大屋顶覆盖的教学楼里上课。60多年后，他的名字出现在这所学校官网"著名校友"栏目下，名列首位。

但那时的少年还难以预想这一天的到来。1947年的冬天对于他、他的家庭和无数国统区百姓来说，过得尤为艰难。当解放军开始以摧枯拉朽的气势不断打垮国民党军队的时候，国统区的粮食短缺问题也越发突出；与此同时，国民党反动派的统治也越发黑暗，为了镇压风起云涌的学生运动和罢工、罢市风潮，他们采取了各种残酷手段，社会局势万分紧张。

学校良好的教育理念和出色的教育环境很大程度上缓解了年轻学子们的外在压力，而这一点对于多数时间颠沛流离的金翔龙来说更是影响巨大。以音乐课为例，南京一中不仅要从简谱一直教到五线谱，课本上的歌曲更是"中西搭配"，诸如"老渔翁驾扁舟，过小桥""春寒料峭，女郎窈窕，一声叫破春城晓"等充满中国古典韵味的语句被巧妙地填入西洋经典旋律之中，让金翔龙唱得如痴如醉，让他养成了对音乐经久不衰的兴趣。几十年后，当他出访德国时，恰逢圣诞，房东请他一起去教堂参加弥撒，当圣歌响起时，金翔龙猛然察觉到那是自己耳熟能详的旋律，于是他和在场的德国人一起唱完了整首歌曲，让他的房东吃惊之余，也对这个中国人刮目相看。

这所中学对传统文化的珍视也在很大程度上给金翔龙留下了深刻印记。在人文领域，由于地理位置优越、名声显赫，很多知名学者乃至学术大师都愿意到这所中学当代课老师。给金翔龙他们这拨"小毛头"代上语文课的，是大名鼎鼎的顾颉刚——这位知名的"古史辨学派"创始人用了一节课的时间，给这些小毛头们认真讲述了"历史"二字的由来——一横一撇代表传统建筑的屋顶，绵延不断的雨水从天而降，沿着瓦片滴落在地，溅出美丽的朵朵水花，这就是历史；教授他们美术的老师是常书鸿的大弟子，这位浙江老师除了教他们作画，还向他们展示了精美绝伦的敦煌壁画，气韵生动的画作与中华民族灿烂光辉的文化相交织，让这些孩子们仿佛回到了一千多年前的盛唐时代，汹涌的爱国主义情感在他们胸怀中激荡。

但金翔龙最喜爱的还是数理化课程。尽管一开始数学成绩并不出色，但学校里的作图仪等前所未见的装置让这个孩子对数学产生了浓厚的兴趣。特别是立体几何，那纵横交错的直线和曲线，分割出变化多端的抛物面、双曲面、八面体、十二面体、圆锥、圆柱……它们包含的是最严密的逻辑和辩证法，刺激的是人类最深邃的思想，它们化身成数字、符号、引理、公式、逻辑、推理，刺激少年的金翔龙在想象和自然的空间中攀登高峰、跨越深谷。

于是，金翔龙开始自我训练。进入初二之后，他开始做引体向上，每天早上晨跑；他决心克服自己的羞涩与内向，于是开始练习如何在公共场合演讲，如何控制自己的表情、音调和动作；他开始疯狂地阅读，从兄长留在家中的图书，到向同学借阅图书，只要能到手的书他都会如饥似渴地阅读，一本350多页的中文版《范氏大代数》他硬是翻来倒去地通读了数遍，连晚上做梦都能看到三次方程、无穷级数、连分式、连续函数在自己的面前飘舞。

沉迷于学习的金翔龙并没有隔断与现实世界的联系。抗日烽火和胜利后的惨痛社会现实都让这个少年明确感到，闭门读书并不能帮助这个国家找到出路。他想，自己也许该像曾经接触过的那些大哥哥们一样，像程善坊小学里那位"军人老师"一样，亲身参与到真实的社会生活之中。

这时已经是1948年初春。在南京一中偌大的校园里，有两个选择摆在金翔龙面前：一个是钱大卫为首的基督青年会，主要活动场所是学校隔壁的内桥教堂；另一个则是南京一中校园内的火光歌咏团，简称"火光团"，这两个组织都能给他提供参与社会活动的机会。出于方便往来的考虑，金翔龙首先找到了火光团。一位名叫濮齐恒的高中学长接待了他。出乎意料的是，这位火光团的骨干和组织者之一虽然唱歌认真，但是歌喉并不美妙，有时唱歌还跑调。但这并不妨碍他热情接待金翔龙，并向这位学弟抛出了一个奇怪的问题。

"你平常都读什么书？"

"啊？"毫无思想准备的金翔龙一下子愣住了。

"你喜欢读书吗？"

"嗯，喜欢。"

"好的，欢迎加入火光团。有空的话，我们也要一起读书。"濮齐恒痛快地答应了金翔龙的入团请求。

直到新中国成立后，金翔龙才知道，两个青年组织都是共产党领导下的外围进步组织——钱大卫唱的"伏尔加纤夫曲"动人心弦，后来成为全国青年联合会第一任会长；在火光团里，同学们不仅传唱流行歌曲，更主要的是唱进步歌曲。作为火光团的成员，金翔龙很快就参与到了一系列进步活动之中，从助学运动到南京一中学生会竞选、再到支持南京一中教师罢课的声援活动，都能找到他的身影。

更重要的是，濮齐恒认真履行了他"一起读书"的承诺。在他的引导和帮助下，金翔龙开始第一次系统地读起了"禁书"——《新民主主义论》《论联合政府》，这些国民党政权查禁的文章极大地启迪了金翔龙的思想。金翔龙读不懂的

南京第一中学师长（中：军管主任、校长朱刚，左：启蒙益友濮齐恒）

地方、不掌握的术语，濮齐恒都会耐心解释，有时还和他展开讨论。他俩在校园里边走边聊，仿佛是两个朋友在聊天，但有时两人也会争论得面红耳赤。濮齐恒也再三提醒金翔龙，他们的对话绝不可以在教室里提及，如果有需要，就到校外去散步。

一天，濮齐恒找到金翔龙，问他："你现在还对哲学感兴趣吗？"

"我很喜欢哲学，但是哲学书太难懂了。"金翔龙老老实实地说。

"那这个借你。也许有用。"说着，濮齐恒递给金翔龙一本书。

这是本艾思奇所著的《大众哲学》。金翔龙翻开后，一下子就被书中的内容吸引住了。形而上学、唯心论、二元论、唯物主义，这些以前看上去虚无缥缈的概念，似乎一下子变成了生活中触手可及的实体，书中说，哲学就在人的生活中，每个人都有他自己的哲学，本没有什么神秘的，这一点彻底打动了金翔龙，也让唯物主义辩证史观走进了他的心灵深处，成为他人生观和世界观的第一块基石。半个多世纪后，金翔龙在一次赴云南的行程中还专门前去边陲小镇和顺，拜谒了艾思奇的故居，向他表示敬意。

南京一中的老师也给金翔龙的社会生活和人生进步提供了强力支持。他所在班级的语文教员是方明禄，因为思想进步，为了避开特务的追踪与迫害，从其他地方转移到南京一中任教。一次，方老师以点评作文的形式，专门选了两篇文章宣读，抨击国民党反动派的暴政。在一篇文章里，程祖璇同学描述了自己春假期间游览中山陵景区，瞥见戴笠坟墓，痛斥了这个双手沾满人民鲜血的特务头子；另一篇就是金翔龙的作文——在这篇作文里，金翔龙以犀利的笔锋描绘了当下南京城里统治者如何在崩溃前夕变本加厉、穷凶极恶地搜刮民脂民膏、随时准备四散奔逃的狼狈场景。此后金翔龙才知道，程祖璇也是地下党员，但和濮齐恒不是一条线，彼此没有横向联系，新中国成立后他就参加了西南服务团，随解放大军奔赴西南前线。

1948年末、1949年初，淮海战役结束，蒋介石统治集团的根基已经从根本上被动摇。为了加速国民党政权的溃败，国统区的斗争也进入了白热化阶段。在这一关键时刻，包括濮齐恒在内的南京一中火光团骨干力量决定举办一场营火晚会，进一步揭露蒋介石政权与民为敌的本质面目。校方一开始回绝了申请，但同学们并不气馁，而是反复申诉，最终获得训导主任同意。

营火晚会筹备期间，同学们对可能出现的困难和风险做了充分准备，特别是防范国民党特务或三青团（当时中国国民党下属的青年组织）分子到现场冲击、捣乱。濮齐恒和几个高年级学生商定，除了明确分工维持好现场秩序外，还租借了四盏光亮耀眼的大汽灯现场备用，如果有人切断照明电源或砸掉灯泡，这些大汽灯就会闪亮登场，让晚会继续开下去！

这是一次让金翔龙终生难忘的营火晚会。当晚会临近尾声时，压轴大戏登场，这是一曲直面抨击国民党反动派的大合唱。在晚会前的筹划中，为了避免过于刺激校方和反动政府，同学们将歌词确定为"……反动派坏心肠，老百姓痛苦你不管，征税抽丁要军粮，备战求和耍花样；反动派丧天良，你天良丧尽看下场，长江跑了重庆号，整个兵团投了降"。然而，在晚会现场的激昂气氛中，同学们不约而同地将"反动派"改回了"国民党"，高亢的歌声犹如利刃划破黑暗的夜空，让整座校园都为之震撼。

1949年4月中旬的一天，濮齐恒召集金翔龙等火光团骨干分子到他位于白酒坊的住所开会，准备迎接解放军入城，保护并接管学校。在人到齐后，濮齐恒从墙柱上取下一个暖水袋，旋开塞子，拿出一卷纸，摊开后成为一幅形势图。指着地图，濮齐恒向同学们讲述了长江两岸双方兵力部署情况，并告知大家，解放军很快就要渡江南下，以雷霆万钧之势解放南京，随后参会人员就开始热烈地讨论：如何迎接南京解放？同学们该如何配合军管小组接收学校？在这一过程中，该如何保护学校，避免可能遭遇的敌特破坏？

一边讨论，一边就开始确立各自的分工。在论及档案移交和汇总时，濮齐恒取出历次学生运动参与人员名单，要求大家一起核对检查。这时同学们才发现，由于是活动的组织者，包括金翔龙在内的多名骨干成员并没和被动员者一样签字。濮齐恒提议大家补签，但考虑到这一活动已经结束，南京解放在即，何须再评功叙好，金翔龙等人最终没有再去签名。

4月23日，中国人民解放军横渡长江，南京解放。在校内地下组织的配合下，南京一中的接管工作只用了半天就宣告完成。作为组织者，濮齐恒成了交接行动的总指挥，而即将初中毕业的金翔龙成了跑前跑后的"勤务员"。按照分工，他需要守在教务处办公室里接听电话。于是，当老师们在一张张桌子前安静备课的时候，他就坐在电话机旁"守株待兔"，等待着电话的到来。第一通铃响时，高度紧张的金翔龙甚至不知该说些什么，善良的老师们便轮流帮他接电话、打电话，最终完成了这项任务。

1949年暑假，组织上让已经初中毕业的金翔龙参加学习团，学习团的负责人便是后来南京一中的党委书记吴先桂。在暑期学习结束后，金翔龙再次回到了南京一中，开始了自己的高中生活。

这时，中华人民共和国已经宣告成立。东方的巨人微笑着，迈开从容、庄重的步伐走自己的路了，这个从战火纷飞中诞生的崭新国度孕育着前所未有的巨大活力，也极度渴盼着建设人才的喷涌而出。人们憧憬的新中国，是工厂林立、人口稠密的国度，是城乡密布着高楼大厦和桥梁道路，电灯如同繁星一样闪耀的国

第二章 青春之歌

中学同学会合影（后排右四为金翔龙）

度，是科技发达、与欧美列强并驾齐驱的国度，是人民安居乐业、生活富裕安康的国度。

时间开始了——就在同学们依然满怀胜利带来的豪情与快乐的时候，南京一中的新任校长朱刚已经提出了新的倡导："为祖国而教，为祖国而学！"1950年开春，他向着全校师生大声疾呼："同学们，老师们，人民共和国需要建设者，请你们成为祖国最有力的栋梁吧！"

学校找到了刚刚写完军事干校申请书、希望参与抗美援朝战争的金翔龙，动员他留在学校，报考大学。此时，作为共青团和学生会的干部，金翔龙的梦想是成为一名人民海军战士。但老师和学校领导告诉金翔龙，无论是丰衣足食的梦想，还是富国强兵的重任，新生的国家都需要大批青年成长为技术专家，对于金翔龙而言，这条道路同样光荣。

金翔龙被打动了。他把重心从社会活动重新调整到学习上。1952年，他给自己刮了个光头，准备了一个小本子，把每一天的时间都规划到每一分钟那么详细：学习进程要规划，体育运动要规划，生活习惯还要规划，甚至每天早晨的如厕时间都要固定下来，如果没有固定好，就一直训练到自己习惯。事实上，那时养成的生活规律几乎延续了他的一生，直到年过八旬也依然没有改变。

中学毕业时的金翔龙

最大的挑战来自于语言课程。随着国内外环境的改变，高中阶段的金翔龙决定开始学习俄语，在此之前他一直学习的是英语。他的老师是山东人，曾在莫斯科中山大学留学，俄语语法结构掌握熟练，还曾在美国军事顾问团工作，帮助美方翻译必需的俄语文件材料，老师的严格训练，让金翔龙的俄语语法基础打得非常扎实。在高中最后一个学期，一位来自苏联的外教达玛娜出现在了南京一中俄语班的课堂上，这位俄罗斯女性主要负责教授词汇、口语和阅读等科目，这对金翔龙等人提升俄语成绩又有了极大的助益。

1952年，金翔龙提前半年从南京一中毕业。在高考志愿填报表上，他写下的是"北京大学地质学系"几个字。

地质学，与数学、物理、化学、生物并列，被视为自然科学五大基础学科之一。因为要探讨地球如何演化，它包含了自然哲学的内容；因为需要探索石油、煤炭、金属、非金属等矿产资源，它又是由锤子、镐头所代表的实用科学。春秋战国时期成书的《山海经》《禹贡》《管子》中的某些篇章、古希腊泰奥弗拉斯托斯的《石头论》都被视为人类最初的地质学研究探索。文艺复兴以来，人类不断更新对地质学的理解和认知，而进入20世纪以后，随着社会和工业的持续发展，在地质学基础学科稳步发展的同时，石油地质学、水文地质学和工程地质学陆续形成独立的分支学科；此后，各分支学科又相互渗透，加上数学、物理、化学等基础科学与地质学相互结合和新技术方法的采用，一系列交叉学科相继出现，地质学进入了一个波澜壮阔的发展新阶段。

中国在地质学领域也曾取得过杰出成就。著名地质学家李四光于20世纪20年代开始酝酿地质力学，经过将近30年的刻苦钻研和艰辛工作，这门学科已然蔚为大观，赢得了世界的认可。1950年5月6日，李四光回到北京；1951年12月31日，中国地质学会举行了成立30周年的大会，作为理事长的李四光作了报告，他庄严地提出，我们要在自己的基础上，用我们自己的方法，解决我们自己的问题。

鼓舞金翔龙冲向地质学领域的除了对科学的迷恋，还有对祖国壮丽山河的极度向往。中学期间偶然阅读到的斯文赫定所著的《亚洲腹地旅行记》，让金翔龙对祖国西北边疆产生了梦幻般的感觉：极度艰苦的考察环境、划着皮划子与暴发的山洪搏斗、在荒漠中忍受干渴的折磨、用顽强的意志战胜面临的一切挑战与困难、埋藏在戈壁深处的宝藏与历史秘密……这些都令金翔龙如痴如醉。他热切希望通过地质考察和地理探索，为捍卫祖国的边疆而奉献一切。为此他还曾寻找一切机会，试图掌握更多有关新疆与西藏的知识与信息：高中时他对国民政府蒙藏委员会的一举一动都十分关注，新疆和西藏人士在南京的各种活动他都想办法去观摩、参观；先后以西北建设考察团团长、新疆监察使的身份考察和驻节新疆的清华大学校长罗家伦曾做过100多首有关西北和新疆的诗词，金翔龙几乎背下了其中的大多数，一句"左公柳拂玉门晓，塞上春光好"更是让他对雄阔奇崛的西北形成了画卷般美丽的憧憬。

因此，北京大学地质学系似乎是最好的选择——作为中国高等学府中设立的第一个地质学系，北京大学地质学系在当时已经享有盛名，而地处北京沙滩、在中国近现代史上扮演了重要角色的北京大学本身也令金翔龙十分向往。他对自己的成绩非常有信心，在考试结束后，他就已经开始做好在北大红楼求学的准备了。在他的构想中，尽管地质学属于理科范畴，但以文科著称的北京大学应该有更多的社会科学和人文科学课程可以供他旁听，这或许能给他的地质学课程提供一些调剂。

但现实的变化之快，超出了青年金翔龙的想象——为了适应大规模社会主义建设的需要，1952年，中央根据"以培养工业建设人才和师资为重点，发展专门院校，整顿和加强综合性大学"的方针，在全国范围内进行院系调整。北京大学地质学系、清华大学地学系、天津大学（原北洋大学）地质工程系和西南交通大学（原唐山铁道学院）采矿系地质组以及西北大学地质系合并成立了中国地质大学前身——北京地质学院。金翔龙的北大梦也因此化为了泡影，1952年11月1日，在北京端王府夹道举行了北京地质学院首届开学典礼，被录取的金翔龙最终出现在了这所崭新院校的新生队伍里。

中国著名地质学家、地质部部长李四光出现在了开学典礼的讲台上。他在讲话中说："现在新中国办起了惊天动地的事业，北京航空学院是惊天，北京地质学院是动地。你们就是动地的勇士……你们是新的土地公公，土地婆婆，我代表地质部向你们祝贺。"

对于金翔龙来说，当好"土地公公"这件事，有点超出自己的预想：和北京大学地质学系更偏重于基础性研究的理科范畴不同，北京地质学院从一开始就呈现出了鲜明的工程应用特征。在大学一年级开设的课程中，投影几何、工程制图、机械与零件、电工学等工程类课程占据了相当比例，繁重的学业让不少新生疲于奔命，超过六成的人得了神经衰弱。

20世纪50年代，金翔龙与同学们在北京地质学院内合影
（右二为金翔龙）

金翔龙对这些课程没有兴趣，但好在他可以应付。南京一中的优良环境让他对很多工程技术类课程已经有了良好的基础，大学里使用的仪器设备很多在他中学时就接触过，上手速度很快，这让他的不少老师都感到意外。

"我能看出来你不想学这些课，但是你的成绩还不错，能告诉我这是为什么吗？"在一次绘图课程中，清华大学毕业的助教向金翔龙抛出了这样一个问题。

"不是这样的。我很想学地质学，但我更想学的是地质学里的理论研究方面的内容，现在这些课我中学时学过，但是地质学的感觉还没摸到边。"金翔龙吐露了自己的心声。

一番对话后，老师表示理解。这让金翔龙多少有些如释重负的感觉，也让他有了新的想法：既然课业还可以应付，那么也许就该挑战一些"课外任务"锻炼和磨砺自己。

体育锻炼被列成了"一号任务"：立志要在西北艰苦地域发展，健康的体魄就是最起码的先决条件，而这个时候鼻膜炎正在困扰着他，一受刺激就会喷嚏连连。金翔龙选择在北京的冬天清晨用冷水洗头、浸鼻来对付这个问题；宿舍里有暖气，他就开窗降低点温度，模拟西北的"胸烤篝火暖，风吹后背寒"的特殊环境；他把桌子拼起来当硬板床睡，窄到一动就会摔下去，硬是养成了睡觉不动的习惯……

同样是为了磨炼自己，金翔龙把一年级新生的郊游活动变成了一次个人野外考察。在全队坐火车抵达青龙关后，金翔龙向带队老师请假独自返回。在几乎渺无人烟的山谷里，他一路步行，一直走到居庸关附近。荒废的古关隘寂静无声，垒就长城的石块上满是鸟粪和刀刻斧凿的少数民族文字，令他回想起历史课本里描绘的惨烈战争场景，不由得心旌神摇，仿佛听到了数百年间穿越关隘的驼铃声音。离开居庸关后，他经过了水声叮咚的弹琴峡，在当地百姓的指点下记录了石壁上的"杨五郎画像"，山头之间坐落的3座石堡遗址，也被百姓定义为当年杨六郎镇守的三关，虽然和史实未必相符，却让金翔龙感到兴趣盎然；步行到南口后，他第一次住进了北方的大车店，进门一个大炕、脱鞋上炕吃饭、被半夜赶到的车夫们喧闹弄醒，这些都让他感到十分新奇。第二天早晨告别后，他横穿南口前往十三陵，亲眼目睹了崇祯的思陵和太监王怀恩的坟墓，坍塌过半的建筑物和破烂不堪的陵园让他印象深刻。傍晚时分他赶到了昌平火车站，却买不到回城的票——在连续几趟列车都驶过后，在南京时就学会了扒火车的金翔龙趁车站人员不备跳上一列火车，回到了北京。

不走寻常路的金翔龙很快引起了一些争议，有人对他的学习进程和态度提出了批评。但金翔龙并不认为自己的路子走错了。在大学的头一年，他的精力其实放在了一件事情上：课外阅读。

大学时代足球队合影（后排左四为金翔龙）

喜爱泡图书馆的金翔龙找到了一本世界著名学者奥布鲁地夫以俄语撰著的《黄土》。这本用古体俄文撰写的鸿篇巨著带有大量插图，其中就覆盖了中亚和我国西北地区的相关内容，精装的大部头让他爱不释手，尽管对于考试没有直接作用，但在金翔龙看来，这些外界难得一见的经典著作不仅有助于学习，也能够极大地开阔个人的知识面，进而对学业产生助益。

但他的俄语课程却似乎出了一些问题。在大学一年级结束后，《俄华大辞典》总主编王语今成为北京地质学院俄语专业课程的教师。这位从小就被送到苏联学习语言的顶级专家在上完最初的几节课后，就点名让金翔龙去办公室找他。这让对自己的俄语成绩一直颇为自信的金翔龙顿时忐忑不安起来：难道自己做错了什么？

当金翔龙在教研室里找到王语今时，这位知名俄语专家劈头盖脸说了一句话："你不要来上俄语课了。"

"啊？"金翔龙瞬间呆住了。

"你的俄语有问题，你是在用中国人的方式说俄语。你去读这两本书，读通了再来找我说话。"说话间，王语今将两本书递给了金翔龙，一本《圣经》，一本《希腊神话》。

"你的问题在于光注意了语法，却没有意识到语言是有文化背景和环境因素的，你要有西洋人的思维路径和文化背景，才能真正讲好西方人的话。"王语今谆谆教导。

金翔龙茅塞顿开。返回图书馆后，他开始大量借阅俄语的人文图书和科学文献著作，开启了人生第一次的"饱读"。而这也带动了他二年级的整个学习方式发生了转变。随着社会科学类课程如组织管理与安全以及材料力学、理论力学等课程的开设，他的成绩逐渐提升起来。野外帐篷的搭建、地质活动经费的预算与结算、野外自救与生存、仓库物流与存储……各种"杂学"纷至沓来。在期末的一次考试中，苏联留学归来的任湘（任弼时之侄）主考，金翔龙抽到了"仓库"试卷，三个问题的回答令任湘非常满意。在察觉了成绩绩点的变化后，任湘询问金翔龙是什么原因。金翔龙如实告知：受到了俄语学习的启发。任湘大笑了起来，开始和金翔龙聊俄语。

50年代与大学室友在天安门广场前的合影
（由左至右：唐克东，金翔龙、诸宝森、李作明）

这个时候，地质学必须经历的实习课程也正式开始了。和大一时候更多像郊游不同，大二的野外考察与实习已经有了一定的规章制度，从老师带队的半辅导状态到个人单飞，每个人都需要完成一系列的工作任务和流程。这时，李四光和何长工领导下的地质部给北京地质学院专门布置了一项紧急任务：尽快为全国地质院校提供一批地质标本。金翔龙和他的同学们在学院部署下前往北京昌平开始打标本。这是一次难得的全面锻炼。他们在昌平的一所小学里拼桌子睡觉，跑遍了十三陵敲打岩石标本，每个人配发的装备则只有一块油布、一个背包、一把锤子和一个指南针。大雨有时会将他们浇得浑身透湿，金翔龙感冒了，发起了高烧，可现场很难找到药店。老师急中生智，在附近的小餐馆里找来二两白酒，一人倒了一杯当药喝，第二天起床，症状大为减轻。这是金翔龙人生第一次喝酒。

打标本告一段落后，老师委托金翔龙组织返程运输。这些石头先要从郊外的工作现场运回昌平县城，再从那里雇大车运到火车站后装箱运至市区。金翔龙再次找到了大车行，之前那次住大车店的经历让他意外有了和大车车夫们打交道的经验，给师傅们递上几包烟后，成包的石头被放上马车运到了昌平火车站。这次不需要再扒车了——金翔龙大摇大摆地找到了列车长，开始了人生第一次商务谈判。在长时间拉锯后，车站同意按照碎石收费，节省了一大笔经费。

新的人生大幕就此开启。金翔龙意识到，知识的积累应当是全面的，为自己的所作所为设置"专业界限"，将永远不是他的人生选择。

他的人生道路，从这里就埋下了转折的伏笔。

第三章

黄土戈壁

1955年，金翔龙的大学生活迈入了第四个年头。在经历了数次实习之后，大学实践活动正式拉开了序幕。

第一站到达的地点是山西阳泉。

这是一座有着辉煌历史的新兴工业城市。在金翔龙赶赴阳泉的那个时期，人们才刚刚通过考古确认，这里早在旧石器时代中期，便有人类在此生息繁衍。早在春秋末期，为适应军事争雄的需要，阳泉市区内就修筑有"平坦城"，是重要的军事要塞。1905年，正太铁路在阳泉设站。随着交通运输的发展，一批采掘、冶炼企业相继成立，使阳泉站成为山西近代工业的发祥地之一。随后，以阳泉站为中心，聚集行商坐贾，逐步成为山西东部地区和联结晋冀两省的商品集散地。1949年，这里成为阳泉工矿区，丰富的煤、铝矾土和硫铁矿资源让这里成为新中国建设初期重要的矿产基地。

其中，阳泉的煤田面积约1 800平方千米，储量127亿吨。煤炭质地优良，灰粉小，炭化程度高，每公斤发热量达7 000大卡左右。铝矾土和耐火黏土储量达数十亿吨，矿石品位高，杂质少，结构严密，耐火度高达1 750摄氏度，在国内外市场久负盛名。硫铁矿分布面积49平方千米，储量25亿吨，具有含硫品位高，加工省燃料（含炭质），易碎不粘炉等特点。

金翔龙这次的实践任务就是冲着山西"黑白黄三宝"中的煤炭去的。他们到达阳泉后便被分到各地去实习。金翔龙等被分到大同西边的山区里进行钻探实习。他们需要完成两类钻探：一类是用于探查煤矿的矿层，一类则是用于熄灭地下的煤火，需要通过钻探打通通道灌水和灌沙。

这是金翔龙第一次参与现代化的工矿生产。他们和工人一样，实行三班倒的作业时间，有时候轮到夜班，金翔龙就带着干粮上钻塔。这也是一次对大学知识系统的检验过程，从起吊到下沉钢管，再到坑道掘进，金翔龙觉得自己"从头到尾被捋了一遍"；经验的匮乏几乎让他付出了血的代价，一次下放钢管的过程中，为了看准位置，金翔龙从钻塔上伸头去看，此时钻机已经启动，原本用于悬挂钻杆的松软悬绳猛然拉直，钻杆带着巨大风声直接砸在了金翔龙的脑袋上，好在上钻塔之前受带班班长反复提醒，金翔龙戴上了安全帽，否则后果不堪设想。这是一次刻骨铭心的安全生产教育，也让金翔龙明白，尽管在课堂上可以反复学习，但在生产实践中，却往往没有犯错的机会，容不得半点马虎。

艰苦的实践让金翔龙迅速消瘦下去，每天停留在钻塔上的时间也在不断延长。因为经验的匮乏，这次钻探的结果并不理想。原本按照操作计划，在钻杆接近煤层时，钻探人员必须适当降低钻探速度，以避免迅速打穿相对岩石层要松软很多的煤层，但顺利的施工进程让同学们太过于兴奋了，光想着赶超进度而没有减速，结果一下子打"穿"了。那天，负责的班长挨批评了，包括金翔龙在内的全体实践队员们也得到了深刻的教训。

但对于金翔龙来说，更糟糕的事情还在后面。实践完成后，每个人都需要向学校提交一份总结报告，提出实践过程中发现的问题和相应解决思路。在发回的报告上，金翔龙意外地看到一个大大的"乙"字。对于过去两年中多次获得优秀生称号的他来说，这个评分如同一记重锤砸在了身上。问题出在哪儿？

他向老师提出了自己的疑问。负责评分的老师没有直接回答他的问题，而是反问："实践完成之后你去哪了？"

金翔龙怔住了——在钻探完成后，野外探险的爱好又一次从心灵深处冒了出来。金翔龙所在的钻探区数里地之外有一个巨大的悬崖，这里可以俯瞰整个大同盆地；更重要的是，就在这座悬崖上，坐落着极其著名的山西大同悬空寺。这是中国最著名的悬空建筑，号称儒释道三教合一，寺庙半插飞梁为基，巧借岩石暗托，梁柱上下一体，廊栏左右相连，曲折出奇，虚实相生。寺内有铜、铁、石、泥神像八十多尊，人们还相信寺下岩石上的"壮观"二字是唐代诗仙李白的墨宝。从到阳泉实践的那天起，金翔龙就渴望去现场勘查一下这座神奇的建筑。

于是，在钻探结束后，金翔龙抽空步行去了一次悬空寺。这是一次非常有趣的旅程。在悬空寺里，他看到了一头牛，寺庙里小道士说，这牛是小时候抱上了寺庙，直到长大就再没出过寺门；这里的老道士学问渊博，和金翔龙谈天说地，宾客尽欢；在得知金翔龙的专业后，道士们还专门提到悬空寺底下就有地下煤田燃烧，他们有时会在某处地面放一个鸡蛋，过一会儿就熟了，而之前火势更大的时候，人们还曾在这里挖地埋灶烙饼！

但等结束了参观考察后，金翔龙就挨了批评。带队的一位负责人说，这是一次无组织、无纪律的行动，体现了金翔龙的个人主义思想苗头。现在，这件事情又牵涉到了实习报告的成绩，导致评分降低了一个等级。事实上，这次行动后来还影响了他的在校入党进程，在讨论过程中，有人就举出这次行动为例，强调金翔龙存在严重的个人主义倾向。

可是这明明是一次已经报备过的正常个人考察啊！金翔龙愤怒了。作为学校实践队伍团委工作的负责人之一，他和其他几位团干部陆续进行了沟通，大家很快就形成了一致意见：对于青年学生来说，外出实地考察是必需的。为了回应学校内的一些质疑，团干部们集体决定，组织大家去云冈石窟参观。这将是一次符合规定、名正言顺的组织活动。

同学们欢呼雀跃。大家徒步赶往云冈石窟。这座同样位于大同境内的雁北石窟被誉为中国的四大石窟之一，依山开凿，东西绵延1千米。存有主要洞窟45个，大小窟龛252个，石雕造像51 000余躯，1961年被国务院公布为全国首批重点文物保护单位，2001年12月14日被联合国教科文组织列入世界遗产名录。当金翔龙他们去参观时，这里和悬空寺一样，还由一些道士们在看管。得知这些年轻人的身份和来意后，道士们提出了一个要求：把锤子放在外面，不要带进石窟。

"无量天尊，你们都带着锤子，要是给我砸上两锤子可怎么办？"道士说。

同学们哄笑起来。这是他们第一次被外界当成真正的地质工作者来审视。他们尊重道士们的意见，于是一个个解开不离身的小锤，走进了云冈石窟。南北朝时期的精美雕像令他们赞叹不已，但很多同学几乎是出于本能反应，把目光投向了石头和山体本身，塑像反而被忽视了。

结束了这次行程，也就意味着阳泉实践彻底结束了。同学们返回了大同，准备回北京或者奔赴下一个实践地点。在大同，金翔龙第一次见识了真正的"三晋风貌"。他曾在北京的北海公园里见到过琉璃烧制的、五颜六色的九龙壁，但到了大同才知道，北海九龙壁是大同九龙壁的仿制品，这里的九龙壁不仅是中国建筑年代最早、最具艺术魅力的一座铸铁照壁，而且体量几乎是北海九龙壁的3倍；大同境内的华严寺则有着我国现存辽、金时期最大的佛殿，善化寺则是始建于唐、我国现存规模最大，最为完整的辽、金寺院。同样留下深刻印象的，还有著名的山西陈醋和山西面食。在一间面馆，金翔龙和几个同学本来出于好奇想尝尝陈醋的味道，结果一发不可收拾，几个人竟然在面条端上桌之前就喝光了整整一大壶醋，只好请服务员在上面条时又拿了一壶醋来。

1955年在雁北云冈石窟留影
（从左至右：马丽芳、马瑾、杨若莉、金翔龙）

在大同停留数天后，新的任务到来了。金翔龙等5名同学被安排去陇南实践。从大同出发，他们先到了太原，购买了前往风陵渡的火车票。火车是阎锡山时代修建的窄轨火车，行进速度缓慢，不到500千米的路程需要整整一天的时间。金翔龙和其他四位同学就扯开随身必备的油布，轮流钻到火车座椅下去睡觉。他和带队的蒙古族同学乌力吉（后改称郭扬）格外投缘，两个人在火车上说说笑笑，竟然也没有睡上多少时间，就抵达了风陵渡。

风陵渡，正处于黄河东转的拐角，是山西、陕西、河南三省的交通要塞，跨华北、西北、华中三大地区之界。这里自古以来就是黄河上最大的渡口，千百年来作为黄河的要津，不知有多少人是通过这里走入秦晋。金人赵子贞《题风陵渡》就有一句："一水分南北，中原气自全。云山连晋壤，烟树入秦川。"但20世纪50年代的三河交汇、三省交界的风陵渡，还远没有实现三路共通（铁路、公路、水路）、三桥飞架（铁路桥、公路桥、高架桥）的壮丽景象，人们只有一条水路可走——靠艄公和他们的木筏横渡黄河。

黄河！中华民族的母亲河！站在岸边的金翔龙仿佛立刻听到了《黄河大合唱》的雄浑歌声！这首他在抗日烽火中学会的、在解放战争期间反复高唱过的歌曲，让他对黄河早就孕育出了浓厚的情感。滔滔大河，是中华民族最初繁衍生息的地方，奔腾不息的河水是整个民族不屈意志的象征。如今，他要横渡黄河了。船夫的每一次摇桨，都要拼尽全身的力气，汹涌的河水会如同箭矢一样喷溅到每个人的身上，留下一个个硕大的泥点。

登岸之后，就是著名的潼关。在火车站停留一宿后，他们搭乘第二天一早的火车抵达西安。可是西北地质局给他们的答复令人失望：由于陇南正在平叛，原定的行动已经暂停，或许可以选择祁连山，那里有一个新项目。一个星期的漫长等待后，祁连山项目也黄了，有别的地质队伍捷足先登，金翔龙他们需要再等一个星期。时间就这么白白地流逝，小伙子们待在招待所里，如同热锅上的蚂蚁一样焦虑。金翔龙意识到不能再这么干等下去了。他决定和西北地质局"摊牌"。

可是这次连门都没法进去了——在严峻的安全形势中，新来的警卫人员不认识金翔龙，不允许他进入办公大院。在门口争执了很久后，警卫人员要通了技术科的电话，地质局同志赶了出来将金翔龙接进了办公楼。憋了一肚子火的金翔龙拍了桌子："我们是从北京来干活的，不是来这里吃闲饭的！"

"现在只剩下一个地方了，没人愿意去，你们……"

"哪里？"金翔龙问。

西北地质局的同志往墙上挂着的地图西北角一指："柴达木。"

"去！你们给什么地方我们去什么地方！"

事情就这么定了下来。走出大门的金翔龙志得意满，丝毫没有顾虑柴达木的险恶与艰苦。他还专门"呲"了一下阻拦自己的警卫人员，谁知道后来这位警卫人员又被派到了柴达木负责勘查队伍的保卫工作——"人生何处不相逢""不打不相识"这两句话倒在他和金翔龙身上留下了印记。

告别了西安，金翔龙一行首先出发去了兰州。这里是抵达柴达木前最后一个大城市，勘查队伍需要在这里准备好一切补给，他们即将深入的，是真正的不毛之地。天水到兰州的铁路刚刚修好，不断塌方的道路让整个行程花费了不少时间，抵达兰州时，已经接到电话的当地地质部门给他们准备好了必需的帐篷和羊皮大衣，还给他们这支队伍专门配备了卡车。

在兰州停留的时间并不长，金翔龙第一次品尝到了烤土豆和兰州牛肉面。他坐在街边的摊上，吃完第一碗面条后随手就把筷子放在了碗上，面摊老板拿起碗就给他又添了一碗面——原来在兰州，筷子搁在碗上就表示还要"再来一碗"，金翔龙有些哭笑不得，好在面条筋道，多吃一点也无所谓；晚上回到招待所，人们用木桶打来了黄河水给他们洗漱，金翔龙顺便洗了个头，结果第二天起来一看，自己的头发跟打了发胶一样笔直向天。

"怒发冲冠"的金翔龙就这么出发了。他们开着卡车直奔西宁，路上要穿越通天河。这是不少中国人从没见过却烂熟于心的一条大河。因为在《西游记》里，唐僧师徒就是在这条"径过八百里，亘古少人行"的河边夜宿陈家村、与鲤鱼精斗法、救童男童女的，也是在这里过河晒经的。儿时的记忆在渡河时复苏，金翔龙兴奋不已。

但这也是一趟缓慢的旅程。部队转业的司机担心高海拔导致汽车水箱里的水沸腾，只敢在太阳下山后才稍微有所提速。抵达西宁已是深夜，先期抵达的一批勘查人员已经等候了很久，为了欢迎金翔龙等新队员的到来，大伙带着他们去夜市上饱餐了一顿羊肉串。

在西宁，人们最后一次补充了装备和物资。三部卡车一起出发前往格尔木。5天5夜的行程中，绝大部分人都需要待在几乎只有一个顶棚的卡车后厢里。虽然青藏公路此时已经通车，但路况依然很差，沙土漫天飞舞，让所有人都变成"土人"和"泥人"。高原反应也开始陆续降临，等翻过日月山的时候，体质强健的金翔龙也开始流鼻血。晚上车无法行驶的时候，人们裹着羊皮大衣钻到车底下胡乱睡上几个小时。最多和他们做伴的，是高原荒漠上遍地的旱獭，稍微一听到人声就会钻进地洞，等汽车驶过又偷偷钻出来向他们张望。

弥补旅程艰辛的，是壮丽的青海湖和茶卡盐湖，但是紧张的行程中，领队没有同意金翔龙等年轻人去湖边看看的想法。抵达诺木洪绿洲后，在勘查队里两位哈萨克族向导的带领下，队员们和当地政府举行了一场联欢活动，大家在篝火下唱歌跳舞，少数民族群众的热情好客给队员们的疲乏旅程带来了最大的欢乐与慰藉。

就这样，勘查队抵达了格尔木，中国古代神话中昆仑山所在的地方。1953年，中国人民解放军少将慕生忠带领官兵来到这里，面对着肆虐的风沙与无际的荒凉，有人这样问他："格尔木到底在哪里？"

将军用力把铁锹往地下一戳，大声说："这就是格尔木。"

当金翔龙他们抵达这里时，格尔木的建设才刚刚开始，城区还是一片荒芜，几乎看不到成型的房屋，人们要么住在半埋于地下的土围子里，要么就搭帐篷居住。也许是为了欢迎勘查队的到来，年降雨量只有40多毫米、排名全国倒数的格尔木偏偏在当天下了一场大雨。由于缺乏经验，勘查队中的大部分人都把帐篷的系绳绷得很紧，金翔龙也不例外，结果在砰然落下的雨点中，所有的系绳都开始收缩，勘查队的帐篷成片地倒了下去。队员们惊呼着从帐篷中冲出来，每个人都被淋成了落汤鸡。大伙哈哈笑了一阵，才知道"纸上得来终觉浅，绝知此事要躬行"这句话放在搭帐篷上也是真理。

位居世界屋脊的格尔木是一块南高北低，由西向东倾斜的区域。昆仑山、唐古拉山横贯全境，山势高峻，气势磅礴。境内雪峰连绵，冰川广布，冰塔林立，河流纵横，湖泊星罗棋布，格拉丹东雪峰海拔6 549米，高峻挺拔，雄伟壮丽，是长江和澜沧江的发源地。盆地地势平坦，沙丘起伏，绿洲显现，盐湖、碱滩、沼泽众多。这里有长江源头、万丈盐桥、雪山冰川、昆仑雪景、瀚海日出、沙漠森林等独具特色的自然景观，几乎每一处都足以令人心旷神怡。

但由于时间紧迫，金翔龙没有机会去体验这里的殊绝风景了。先期抵达这里的老一辈地质工作者们给他们介绍了工作区域的情况后，勘查队伍就开始北上。第一个经过的重要地点是察尔汗盐湖，察尔汗盐湖是中国最大的盐湖，湖内钾、镁、锂、钠等盐类储藏量达600亿吨。这座巨大的盐湖实际上又是由大小不同的9个盐湖组成，湖中或湖边的干盐滩上，有各种样式的盐花。这些色彩斑斓的结晶盐，红、黄、蓝、紫、白，可谓千姿百态。勘查队当天晚上在察尔汗盐湖中部巨厚的盐层上撑起帐篷，埋锅造饭。忙碌中，金翔龙远远望见旌旗飘扬，隐约可见一些房屋。这让他十分惊讶。

"那里是什么地方？好像有人！"赶紧拉住一个路过身边的老队员，金翔龙指着远处的景象大声问道。

老队员连头也不抬："别瞎想啦，那是海市蜃楼。"

金翔龙也哈哈笑了起来。这是他第一次看到海市蜃楼，竟然是在荒无人烟的青藏高原上。

离开格尔木后的第二天，勘查队抵达小柴旦，柴旦是盐泽之意，大柴旦和小柴旦是格尔木境内两个著名的湖泊，早在旧石器时代就有人类活动。小柴旦湖如同蓝色的宝石一样坐落在高原戈壁之中，蓝色的湖水同远山及山上的云互相辉映，让人感到仿佛闯入仙境一般。沿着湖边已经有一条公路蜿蜒北去，绕过距离盐湖不远的一处小山包后就变成了东西走向，可以通往祁连山南麓。勘查队的任务就围绕着这座小山包开始。

轮到金翔龙的组织和管理课程派上用场了。什么地方搭帐篷、什么地方做饭、什么地方可以用来通讯发报、什么地方用于储备物资……金翔龙开始指挥布置营地。哈萨克向导踩着自行车给发报机充电，人们向西北地质局拍发出了第一份电文：队伍已抵达柴达木！

荒凉的戈壁默默地看着地质队员们在山包下忙碌。人们可以从小柴旦湖里打水做饭，但是却很难找到合适的柴火。撒出去找柴火的队伍回来报告说，营地东南部的沟里面发现有很多灌木，这可真是个喜讯。人们立即驱车前往，才发现这些灌木竟然是珍贵的麻黄。犹豫再三之后，人们还是用绳子绑住这些麻黄，硬是将它们拖回了营地。为了向这些麻黄表示敬意，队员们在地形图上专门给这个山沟取了一个名字"麻黄沟"。

扎营之后，勘探工作就开始了。从营地往东走是一个近南北向的山梁，被当地群众称作锡铁山。民间传说这里上半截有铁矿，下半截是铜矿和铅锌矿。勘查队决定从这座山着手进行调查。结果第一次行动就变成了一次惊心动魄的经历：勘查队员们驾车抵达锡铁山后，分多批陆续进入古代坑道进行勘查。然而，当一天的考察行程结束后，有四五个人和大队走散了，先期返回的队员在山脚处等候了很久也没能等到他们。带队负责人决定让车先把已经结束勘查的人员送回营地,再返回锡铁山继续等候。可是直到深夜还没有消息。茫茫戈壁,伸手不见五指,突然间,守候在山脚和营地的人们都听到了远处传来的狼嚎声。

有野狼!金翔龙的汗毛一下子全竖起来了,关于戈壁上的狼群,队员们已经听说了太多的故事,多数以惨剧结尾。勘查队紧张起来,全部车辆被派往锡铁山,在那里,车辆一起开动发动机,打开大灯,将山谷照得雪亮。金翔龙的蒙古族同学乌力吉向哈萨克向导借来了马匹,带上枪支弹药进山搜救。时间在一分一秒地流逝,狼嚎始终没有停止,人们的心都悬在了嗓子眼,直到有人眼尖,看见一丛火光——走失的队员在山谷显眼处点燃了篝火,这才得以脱险。

这次勘查遇险让整支队伍都绷紧了神经。但谁也没想到,在接下来的日子里,人们还是再次遭遇了更加惨痛的经历。

事实上,和铜、铁矿相比,勘查队的真正目标其实是石油。直到20世纪50年代初期,除了李四光等少数中国专家外,全球地质学界的主流观点认为中国是典型的贫油国。1952年地质部成立后,根据苏联专家的意见,石油普查队伍集中到了西北的甘肃、新疆和青海,而没有经过多少认真的勘查,苏联专家就总结出来同样的"中国贫油"的结论,这让新中国的地质队伍憋了一肚子气。1954年,在李四光的主持下,地质部重新组织队伍,在全国范围内开展战略性的石油普查，1955年普查队伍全线出动，主要力量被部署在了新华夏系第二沉降带的松辽平原和华北平原上，同时地处西北的柴达木盆地也被视为一个重要的潜力区域。

更重要的是，在这里的勘查任务还带有更多的政治色彩——受历史因素影响，西北地区特别是新疆的油田往往和苏联形成了千丝万缕的联系，中国地质和石油队伍绝不能让境外力量占得先机，这是上级交代给金翔龙他们这支队伍的政治使命。

但有关柴达木的记录几乎是一篇空白。不要说科学文献几乎阙如，勘查队的手中甚至没有一份完整的地形图，四处所见都是没有地名也没有人类活动迹象的山川河流。勘查队必须先完成1∶50 000的地质图。按照操作规范，要完成这样一份地图，必须每千米设立一个观测点，但当时的勘测队甚至连测量工具都不具备。勘测队员们反复讨论，最后决定用最原始的方法解决问题：走路。

队员们开始反复练习走路，并且测算好自己的步幅，以平均的步幅值作为标准衡量远近，金翔龙的步伐速度是标准的一小时4千米，他戴着表，每走15分钟也就是1千米的距离，就在白纸上划上一杠，编写号码后再打下一个木桩，同时对周围的地质现象进行描述和记录，就这样一步一步，不断往前走，不断地打桩。等勘探队员们走得差不多的时候，测量人员就会沿着木桩追索过去，用平板仪绘出平面的地形图，然后再交还给勘查队员填补地质调查数据，形成完整的报告。在这个过程中，金翔龙他们慢慢给柴达木的很多山川河流取了名字，也给很多特殊地形取了名字，这些地名如今都留存在出版发行的各类地图上，悄无声息地纪念着这次开拓性的勘查行动。

勘查条件是极为艰苦的。由于靠近水边，蚊子和牛虻密布，以至于大伙方便的时候必须组成二人小组，一个蹲在那里方便，另一个使劲在旁边扇风。日常的饮食也主要靠干粮，有时候大伙想打打牙祭，就靠哈萨克族向导出去打猎——营地附近生活着一大群黄羊，时常需要到湖边饮水，枪法精准的向导时常就能带上两三只黄羊回到营地让大伙解个馋。

随着勘查行动向柴达木腹地的深入，整支队伍也逐渐分成了3个分队，第一个分队留在湖边看守营地，包括金翔龙在内的第二个分队则深入腹地，第三支分队则沿着盆地的西部边缘展开工作。由于道路没有打通，第三支分队的供给需要由第二分队进行中转。在一次转场后，双方短暂失去了联系。可就在这一段时间里，第三分队的给养见底了，在"弹尽粮绝"的时候，队员们将所有的补给集中到一个人身上，让他向北行进求援。最终这名队员来到了盆地北边的公路上，遇到路过车辆后才得以生还。消息传回营地和第二分队时，勘查队伍再次被震动了，第二分队派出人员携带物资和第三分队取得了联系，才算避免了最糟糕的结果。

就是在这样艰苦的勘查行程中，金翔龙有了意外的收获——新种的介形虫。

介形虫在奥陶纪出现，一直延续到现代。这是一种生长在水域中的无脊椎动物。大的像米粒，小的肉眼看不清，通常只有0.5至1毫米大小，但找石油总少不了它。因为在陆地上或海洋中的沉积中，介形虫的模样不一样。凭着这样一些不同形状、纹饰的介形虫，加上对钻孔资料的综合分析，石油地质工作者就能判断深到几千米钻孔内的地层时代，掌握油田含油地层的分布规律。

对于金翔龙来说，能够认出介形虫既得益于对野外考察的热爱，也得益于自己对冷门学科的偏爱。在就读期间，不愿只埋头书堆的金翔龙专门跑到地质部，向著名地质学家黄汲清提出请求，希望能在他的带领下参加野外实践。黄汲清痛快地答应了金翔龙的请求，在这次考察行程中，他和徐仁、孙万全等几位大专家带着学生们来到长辛店附近一个小山窝前停车观察，随后这些前辈大家们向同学们提出了问题：你们都看到了什么？

"没看到什么，就看到了石头。"同学们面面相觑，一个人鼓足勇气回答了一声。

"那你们再看看石头里面有什么？"黄汲清问。

同学们还是什么都看不出来。于是黄汲清请徐仁给同学们做现场指导——这是金翔龙第一次在石头里看到介形虫，透过放大镜，他看到了一窝窝的介形虫，原来石头里还蕴藏着这样的秘密！于是在大四那一年，他没有选择地球化学这门当时比较热门的选修课，而是选择了微体古生物这个冷门课程，全班连他在内只有3个人选修。著名的古生物学家杨遵仪亲自给他们授课，从拉丁文开始训练，教导他们如何查询文献资料和辨识图形，介形虫就这样在他的脑海了扎下了根，最终在柴达木盆地冒了出来。

在提交给地质部门的报告和给学校的毕业论文里，金翔龙写到，柴达木盆地是典型的陆相地层，除了岩石的颜色和组成成分可以判断之外，还有其他证据可以支持，那就是化石证据——介形虫的存在证明这里曾经有过湖泊，有可能有石油。

经过50多年的勘探开发，柴达木盆地现在已成为中国重要的油气生产基地，青海油田2006年生产油气达到475万吨。柴达木盆地油气勘探领域广、面积大，油气潜在资源量达到46.5亿吨，由于高原地质构造异常复杂，目前石油探明率仅为15.6%，天然气探明率为12.1%，是全国勘探程度较低的油田地区，勘探潜力巨大。

这次勘查实践带给金翔龙的另一大收获，则是和一些地质界的学术大家建立了联系。在这次勘查中，中国地质科学院地质力学研究所的孙殿卿带队到现场调查研究柴达木盆地的构造力学问题，金翔龙向他提供了大量的一手数据资料，两人成了忘年好朋友。20世纪60年代初，当金翔龙在青岛从事海洋研究时，李四光每年到青岛休假，同去的孙殿卿常常找金翔龙借些海图供李四光参阅。一次偶然的机会，李四光看到山东半岛南部有一个东西方向的海上凸起，推测认为可能是"山"字形构造的反射弧，希望能够进行一次海上调查。金翔龙陪同李四光登上"金星号"，驶向乳山湾。在船上，李四光坐在上甲板的椅子上给金翔龙讲了一段自己的亲身经历。李四光早年曾留学日本学过船舶轮机，回国后参加水师。当时，军舰要看有几个烟囱，多的跑得快。有一天，李四光所乘的军舰出海，两个烟囱的快轮驶出吴淞口，突遇大雾，但两天都漂泊在海上，无法驶抵原定的目标连云港。猛然间，雾消云散，一片青翠的陆地出现在眼前。军舰向陆地港口行驶，信号台上却打出灯光信号，不允许军舰驶入。原来这里是德国人占领的青岛，不允许中国船只出入。讲到这里，李四光紧握拳头，愤然地说："你看，中国的港口不许中国的船只驶入！所以，国家必须强大，海上是看拳头的，拳头大的说了算数。"

为证实山东是否存在"山"字形构造，地质力学所调来王连和马胜云等人与金翔龙等专门组成胶东考察队。1个多月初冬严寒的野外调查完成后，人们赶回来向李四光汇报，各抒己见，意见不一，有人认为反射弧是有的，"山"字形构造也是存在的，金翔龙却一言未发。散会后，孙殿卿叫住了已经走出大门外的金翔龙，说李四光部长想请他回去再聊聊。金翔龙只好回到屋里。李四光请他坐下，问道："刚才大家都发表意见了，你没说话，你什么想法？"

"我认为'山'字形构造不存在,不是反射弧,我量了几组数据,说明不是一个时期的,而是有一股古老变质的东西与它交织在一块儿。"金翔龙说。这次谈话进行了很久,一直到李四光的夫人进来"强行"打断、请李四光去散步休息才告一段落。

野外勘查山东"山"字形构造(右四戴浅色军帽者为金翔龙)

结束了柴达木盆地的实践后,金翔龙回到了北京地质学院,开始对毕业论文进行最后的修改。

1956年初夏,国家建设的紧迫需求,让这所学院的不少学生已经提前毕业走上工作岗位。和金翔龙一起返回的勘查队员中就有人提前加入中苏合作勘查队再度奔赴野外;金翔龙宿舍的4个人中已经离开了3个,其中,从印度尼西亚归国的李作明已经返回老家广东并在地质部门工作，只有金翔龙依然留在校园里等候分配。在"散伙"的那天，舍友唐克东弄来了一瓶茅台，大家一直聊到第二天清晨才依依惜别。

上千人的北京地质学院，至此只剩下寥寥百余人还没有得到毕业分配的消息。金翔龙终于憋不住了，他和其他一些同学一起，跑到学校人事部门要求给个说法。

"为什么不让我们填志愿分配工作？"同学们提出了自己的质疑。

人事部门没有正面回答，只是拿出了志愿表让他们填写。金翔龙并不知道这是缓兵之计。他拿起笔来，在志愿表上直接填满了三个志愿：西藏，西藏，西藏。

可是他没有去成西藏。新的、意想不到的挑战到来了。

大学毕业时与同学的合影（后排右二为金翔龙）

第四章
投身海洋

最终，金翔龙还是和雪域高原擦肩而过。

在毕业期到来的最后一刻，学校人事部门的通知送到仍然被滞留在学校里的几十位同学手上——按照中苏两国的有关协定，他们将被派往苏联留学，全面对接"社会主义老大哥"的建设经验与科技成就。

这是一个出人意料的消息。金翔龙和绝大多数伙伴一样，没有想到自己竟然会有奔赴异国求学的机会。

赴苏留学曾在新中国的对外交往史、科技发展史和社会主义建设史上留下浓墨重彩的一笔。1950年《中苏友好同盟互助条

大学毕业时的金翔龙

约》的签订为中国向苏联派遣留学生打开了大门。1951年8月，我国正式向苏联派出375名留学生，其中有研究生136名。赴苏后，他们进入莫斯科机床工具学院、莫斯科铁路运输工程学院、莫斯科运输经济学院、列宁格勒铁道运输工程师学院、列宁格勒兽医学院、萨拉托夫汽车道路学院等学习，所学的均是与国内经济建设密切相关的专业。这些来自新中国的留学生们被称为"毛泽东派来的人"，在苏联受到热情的欢迎和款待。这一年，中国同时向蒙古人民共和国派遣了5名留学生。从此，向国外派遣留学生这项培养社会主义建设者的巨大工程正式实施了。

为了培训俄语和做其他准备，1952年2月，国家教育部门在北京俄文专修学校的基础上成立了专门的留苏预备部。"一五"计划规定，五年内计划派出留学生10 100人，其中到苏联的是9 400人，留苏预备部招生12 800人；另向苏联和其他社会主义国家派实习生1 300人左右。包括后来成为党和国家领导人的江泽民、李鹏等，都曾出现在赴苏留学的队伍中。

在金翔龙等人计划赴苏的1956年，中国政府的赴苏留学生选拔方针已经从1950年至1953年的"严格选拔，宁少毋滥"过渡为"严格审查，争取多派"和"以理工科为重点兼顾全面需要"，而到了1957年至1959年，这一方针又调整为"多派研究生，一般不派大学生"。中国科学院档案处保存的文件表明，1951年至1958年中国共派出留苏学生7 493人，其中包括大学生、研究生、进修教师、进修生、实习生和专科生；69%的留学生学习工科专业，10.6%的学习理科，6.9%的学习农林，3.4%的学习医学，3.2%的学习文科，1.7%的学习文化艺术，1.6%的学习财经。[①]

但不管方针如何调整，中国留苏学生的选拔都是非常严格的。在政治方面，要求参加留学选拔的人员必须历史清楚，政治上完全可靠，思想上进步，要能够通过组织上的审查；学习工作积极、努力、品质善良，至少是大学毕业并从事研究工作或实际参加与其所学有关的工作1年以上且成绩优良；此外，除体质要求外，留学生预备人员还必须参加相关研究生科目考试，合格者才可以留苏。

也正是因为选拔严格，留苏学生通常要先在北京、大连等地的俄语院校的"留苏预备部"学习1年，进行一些准备工作。留苏预备部配备了一流的教师和优秀的管理人才，主要任务是使学员强化学习俄语，继续对学员进行政治审查，并保证他们的身体条件。当时有一种说法是"够入党条件，不一定够留苏条件"。

金翔龙和他的同学们自然也不例外。在接到预备留学通知的同时，一份包含八项课程在内的考试通知也随之到来。金翔龙顺利通过了考试，每门课程的最终成绩都在80分以上。1956年9月，金翔龙离开北京地质学院，来到北京外国语学院就读俄语，为一年内前往苏联做好准备。

[①] 引自《新中国初期向苏联派遣留学生》，作者张久春、蒋龙、姚芳。

这时的北京，正沉浸在中国共产党第八次全国代表大会顺利召开的喜悦气氛之中。这届大会共有正式代表1 026人，候补代表107人，代表全国1 073万名党员。59个国家的共产党、工人党、劳动党和人民革命党的代表团以及国内各民主党派和无党派民主人士的代表应邀列席大会。大会讨论通过了《中国共产党第八次全国代表大会关于政治报告的决议》《中国共产党章程》《关于发展国民经济的第二个五年计划（1958年至1962年）的建议》；选举产生了新的中央委员会，中央委员97人，候补中央委员73人。大会提出，生产资料私有制的社会主义改造基本完成以后，国内的主要矛盾不再是工人阶级和资产阶级之间的矛盾，而是人民对于建立先进的工业国的要求同落后的农业国的现实之间的矛盾，是人民对于经济文化迅速发展的需要同当前经济文化不能满足人民需要的状况之间的矛盾。这一矛盾的实质，在中国社会主义制度已经建立的情况下，也就是先进的社会主义制度同落后的社会生产之间的矛盾。解决这个矛盾的办法是发展社会生产力，实行大规模的经济建设。为此，大会作出了党和国家的工作重点必须转移到社会主义建设上来的重大战略决策。

金翔龙的心情也是轻松愉悦的。他被分配在了初级班。对于已经学习了多年俄语的他来说，课程完全可以轻松驾驭。但老师们很快发现了这个学生的异乎寻常，两次测验之后，他就被调整进了中级班，转而又升为高级班，同班同学都是准备出国进修的讲师、副教授和教授。

尽管如此，金翔龙仍然学有余力。活泼好动、精力旺盛的他再次投身校园社会工作，并且担任了高级班的团支部书记职务。除此之外，他开始重新补习英语，金翔龙的大哥金翔元此时正在冶金部下属有色金属研究院工作，毕业于金陵大学、拥有出色英语能力的他成为金翔龙的补习老师。金翔龙同时还开始学习德语——一位好友，谢一岗，给他提供了意外的学习机会。

比金翔龙小两岁的谢一岗是陕西安康人，中国科学院高能物理研究所研究员，我国著名的高能物理学专家。他的父亲谢树英，早在1920年11月就由华法教育会派赴法国勤工俭学。这是一位曾在中国近代革命史上留下过印记的著名学者，1925年曾任国民革命军总政治部专员；1928至1935年，他参与筹办武汉大学、武功国立西北农林专科学校。1936年至1937年，他先后两次赴欧考察；1949年任重工业部矿业研究所所长，并筹建综合工业试验所，主持湖南锑业出锉岩、湖南水口山铝锌矿废沙浮选、四川彭县铜矿浮选等五项试验和一项专题研究；1951年，他主持钢铁理化检验研究班，统一全国钢铁厂理化检验方法和操作规程；1953年，他任北京钢铁学院教授，应聘为地质勘探指导委员会（地质部前身）委员，撰写《白云鄂博含稀土磁铁矿矿石的特性及其经济价值》的论文。

在谢一岗的热情安排下，金翔龙前往位于王府井附近的谢家小院，见到了谢树英这位曾去过阿尔卑斯山考察的地质矿业专家。精通德语的谢树英很喜爱同样热衷于地质考察的金翔龙，当他得知金翔龙正在学习英语和俄语时，便问他是否还愿意和谢一岗一起学习德语。

"德国学界在地质领域上的积累非常丰厚，我觉得你多学一门语言对于日后的发展可能会有更大的助益。"谢树英说。

喜出望外的金翔龙一口答应了下来——他完全没有想到，在30多年后的1986年，正是因为掌握了德语，他才得以获得一次赴德合作研究机会，而那也是他人生第一次出国研究。

但此时的金翔龙并不知道自己的命运会是怎样的轨迹。3门语言的学习之外，他开始全身心地投入到人文学科的领域之中。和许多同辈年轻人一样，他开始阅读艰涩的黑格尔著作，他也喜爱恩格斯的作品；白天他在学院的图书馆内大量阅读各种语言的经典小说，晚上就在北京城内四处奔波，逮住一切机会去看话剧、歌舞剧。正在青年剧院上映的《龙须沟》让他对老舍很是敬仰，天桥剧场的歌舞剧则给他留下了同样深刻的印象。

在近乎疯狂的语言学习和开放性阅读中，出国留学的行装也慢慢准备就绪，金翔龙还专门置办了一个大箱子用于装厚重衣物。这时他接到通知，需要到教育部确认自己的赴苏留学专业和导师方向了。

令所有人意外的是，金翔龙没有在申报表上填下"地质"两个字。

他填下的，是"海洋"。

他向祖国申请远赴异国研究几乎还没有多少人听过的"海洋地质学"。

海洋，面积约占地球表面积的71%。它是全球地质构造的重要组成部分，也是现代沉积作用的天然实验室。海底蕴藏着丰富的矿产资源，是人类当下和未来重要的资源基地，而海洋环境地质和灾害地质又直接关系到人类的生产和生活。此外，弄清海洋地质，还和日益发展的海港建设、海底工程和海底资源开发密切相关。

海洋地质学——这门地质学与海洋学的交叉科学就这么应运而生。它研究地壳被海水淹没部分的物质组成、地质构造和演化规律，内容涉及海岸与海底的地形、海洋沉积物、洋底岩石、海底构造、大洋地质历史和海底矿产资源等多个领域。海洋地质学的历史可以追溯到1872年至1876年英国"挑战者"号进行的那次环球海洋调查。通过这次调查，人类第一次取得深海样品，发现了深海软泥和锰结核。1891年由英国的默里和比利时的勒纳尔将这次调查成果编制成第一幅世界大洋沉积分布图及写成《海洋沉积》一书，标志着近代海洋地质研究的开端。

"挑战者"号之后的几十年间，海洋地质的研究进展甚微。直到1925年，德国"流星"号调查船开始远航南大西洋，两年的航程中，这艘调查船首次采用电子回声测深技术揭示了深洋底崎岖不平的地形，发现了纵贯整个大西洋的中央海岭；又用柱状取样管取样，进行样品的岩石学和矿物学研究，并首次推算了深海区的沉积速率。

20世纪的20年代和30年代，荷兰地球物理学家芬宁·梅因纳斯等使用潜艇在爪哇海沟和波多黎各海沟进行海洋重力测量，发现了与海沟有关的显著的重力负异常。这对海底构造，乃至全球构造理论的发展具有重大意义。1936年，美籍加拿大地质学家戴利用浊流解释海底峡谷的成因，推动了海底地貌学和沉积学的研究。

第二次世界大战期间，由于海上战争的需要，许多国家致力于海底地形研究，绘制了一批详细的海底地形图并大力开展声在水中传播规律的研究，为发展海洋地震勘探技术打下了基础。战后，由于海底油田开发的需要，海洋地质调查蓬勃发展。1947年至1948年，瑞典国立海洋研究所所长彼得松率领瑞典"信天翁"号作环球深海考察，采用真空式活塞取样管取得长达23米的柱状样，研究了大洋沉积物的结构、厚度和沉积速率，并采用人工地震法研究海底构造。

到了20世纪40年代中后期，科学家们已经积累了有关大西洋、太平洋海底地形、海底沉积以及大陆边缘地质结构的大量资料。40年代末期，谢帕德的《海底地质学》，苏联克莲诺娃的

《海洋地质学》和奎年的《海洋地质学》先后问世。海洋地质学成为一门独立学科。

打开金翔龙对海洋地质认知大门的，就是其中克莲诺娃所著的那本《海洋地质学》。他最初在北大图书馆里偶遇了这本原版巨著，一头便扎了进去，一个全新的世界在他面前敞开了怀抱。他想购买这本书，可是在全北京都找不到，直到一位老同学李作明（后任香港地质学会会长）在汉口外文书店偶遇这本经典著作，毅然买下并寄到了金翔龙的手中。翻来覆去的阅读中，金翔龙似乎都能闻到新鲜的海水气息，听到拍击云天的浪涛声，从来还没有接触过海洋的他已经开始憧憬浪遏飞舟的壮丽景象。

更重要的是，个人浓烈的学术兴趣和新中国强烈的海洋战略需求也在发生着强烈的共鸣。作为即将赴苏留学的一员，每隔一段时间，金翔龙都会和同学们一起参加外交部组织的国内外形势报告会。就在一次报告会上，一位司局级负责干部就向他们提及新中国的海洋形势——明清时代开始的闭关锁国和片板不许下海的政策影响，以及在半殖民地半封建状态下积贫积弱的旧中国完全无力维护自身的海洋权益，新中国的海洋实力处于恢复和积蓄能量的阶段，和已经陆续开展科研和建设的陆地相比，中国的海洋经济依然以传统产业为主，海洋管理能力依然薄弱，海防也只能做到近岸近海防御，而具体到地质调查领域，相当于我国陆地面积三分之一的海洋国土几乎还是一片完全空白的处女地，我国的海洋研究主要内容仅限于生物学，缺乏深入、广泛的海洋学理论与科研支持，已经成为制约我国海洋事业发展和海洋权益维护的关键性障碍之一。

"中国人已经在向世界最高峰发起冲击了，但是我们的海洋，却还没有人去探索。"这句话直接撞击着金翔龙的心灵，给他的决策天平增加了一颗分量极重的砝码。

"那就让我来补这个缺吧。"他在心里默默地喊着。

在一次学术研讨会上，他找到了马杏垣，向这位著名的构造地质学家、地震地质学家、温家宝的导师，也是自己在北京地质学院求学期间的老师寻求指导：自己到底该不该从地质矿产学转向几乎是无人问津的海洋地质学？这是一条正确的道路吗？

1938年加入中国共产党、在北京地质学院享有崇高声誉的马杏垣开始听金翔龙诉说自己的想法。这位地质大家研究领域广阔，并且特别重视野外工作。他曾教导学生们说，要成为一个优秀的构造地质学家，首先必须掌握辩证唯物的构造观和方法论，这样才能驾驭不同尺度和不同层次的构造现象，才能在研究中国地质时防止出现教条主义或经验主义现象；其次还必须踏踏实实地在一些关键地区苦干几年、十几年，只有在通过艰苦探索形成独到见解的基础上，才能全面铺开，多方面吸取营养，丰富自己。

在听完金翔龙的全部想法后，马杏垣几乎是不假思索地给出了答复："好！从沙漠到海洋，这条路子对！"

金翔龙就此向广阔的海洋"抛锚"，一锚就是一生。

而此时的海洋地质学，也恰恰处于新一轮的技术跃进期。从20世纪50年代开始，随着回声测深技术的大为改进、高分辨率的精密声呐开始投入使用，海洋洋底地形图的编制首次获得了可靠的手段。同时，重力、磁法和地震探测等地球物理仪器也获得较大改进，为人类探索海底地质奥秘提供了新的工具与平台。

也就是在这个时期，苏联的海洋地质科学取得了长足进展，1950年至1958年，苏联"勇士"号调查船考察太平洋，通过测深改进了太平洋水深图，在马里亚纳海沟发现了大洋最深点，还采集海底长柱状样研究了1 000万年来的气候演变和地质历史。

大规模的海洋地球物理调查开始为人类研究海洋地质提供了大量资料。人们发现，洋底沉积层极薄，大洋地壳的结构与大陆地壳截然不同；特别是环绕全球的大洋中脊体系与条带状磁异常的发现具有深远意义。金翔龙通过各种渠道搜集和阅读了这些国外材料，他对海洋地质学的前景充满信心，他甚至已经想好了到苏联留学后该去找哪些单位和哪些专家，只等着出发的那一刻到来。

但是出发的时间却始终定不下来。1956年，苏共二十大召开，赫鲁晓夫以秘密报告的形式严厉批评了个人崇拜思想和斯大林所犯下的严重错误，在社会主义国家内部和国际社会都掀起了轩然大波。中苏关系也随之进入了敏感期。在一次形势报告会上，高教部相关负责人向同学们表示，在出国留学前，相关人员应当更好地了解本国的国情，做到有的放矢，因此，建议大家先在国内广泛走访、考察，尽可能地做好积累和储备。

有些意外的同学们开始面面相觑。有人提问："我们上哪里去是否有统一安排？"

"不，这个我们不做具体安排，你们可以以寻师访友的形式进行。"报告人给出了这样的答复。

这下子金翔龙可遇上了难题——新中国的海洋事业还处于起步阶段，海洋单位几乎无处寻觅，该向哪儿寻师，哪里又有"友"可访呢？

他再次向母校北京地质学院求助。这次伸出援手的是老师王鸿祯。

王鸿祯，地质学家，中国科学院院士。1939年毕业于北京大学地质系，1947年获英国剑桥大学博士学位，研究领域包括古生物学、地层学、古地理学、前寒武纪地质、大地构造学和地质学史。他是中国地层古生物事业的开创者之一，也是新中国地层古生物教育事业的开拓者之一和历史大地构造学的奠基人之一。金翔龙的三哥金翔鸣是他的助教，因此他也对金翔龙颇为熟悉，一直很喜爱这个干劲十足、有些莽莽撞撞的小伙子。

在听完金翔龙的讲述后，王鸿祯从自己的办公桌里拿出笔墨纸砚，挥毫写下一封介绍信，递交给了等候在一旁的金翔龙。

"你拿着，赶紧去北京饭店，去找童第周先生和曾呈奎先生。他们在那里参加中国科学院学部委员会议，他们会给你想办法。"王鸿祯说。

金翔龙一下子愣住了——去找童第周和曾呈奎？

童第周，浙江宁波人，生物学家、教育家、社会活动家，中国实验胚胎学的主要创始人，中国海洋科学研究的奠基人，生物科学研究的杰出领导者，开创了中国"克隆"技术之先河，被誉为"中国克隆之父"。1949年3月，童第周拒绝了耶鲁大学的高薪挽留，克服了种种阻力，在迎接新中国成立的隆隆炮声中，再次回到了山东大学。1950年，他受聘兼任中国科学院实验生物研究所副所长和中国科学院水生生物研究所青岛海洋生物研究室主任，开始筹建新中国第一个海洋科学研究机构——中国科学院水生生物研究所青岛海洋生物研究室。1956年，童第周等海洋科学家参与制定的"中国海洋综合调查及开发方案"作为国家重点科学技术任务之一，被列入《1956—1967年国家科学技术发展远景规划》和《1963—1972年国家科技十年规划》，成为新中国海洋事业第一轮大发展的核心支柱。

曾呈奎，福建省厦门人，著名海洋生物学家，中国海藻学研究的奠基人之一。1946年，他毅然放弃美国优越的工作条件和优厚的生活待遇，决定回国任山东大学植物系主任、教授，兼海洋研究所副所长。1950年，曾呈奎和童第周、张玺、朱树屏受国家之托，共同筹建中国科学院水生生物研究所青岛海洋生物研究室，1954年改建制为中国科学院海洋生物研究室，曾呈奎均任副主任、研究员。

看到金翔龙有些呆住了，王鸿祯又催促了一下："还不快去！"

金翔龙猛然醒悟过来，赶紧应答了一声，转身就往外跑，可心里还有点犯嘀咕：童先生和曾先生会同意帮忙吗？

拿着老师的亲笔信，穿着破棉袄的金翔龙直奔北京饭店。进门后就到处打听，哪位是童第周先生？哪位是曾呈奎先生？一番折腾之后，有人带着他在会议间隙找到了童第周和曾呈奎。

一直攥在手里的信被递了过去，金翔龙心里忐忑不安。

童第周很快看完了信，并没有说话，而是直接递给了曾呈奎。曾呈奎也跟着看完了信，开始上下打量金翔龙。

"准备好研究海洋了？"他问。

金翔龙点头。

曾呈奎笑了。他柔声说："你先去青岛，我开完会马上给你安排。"

金翔龙开心地蹦跶出了北京饭店，几乎没有任何停留就奔往火车站，买下了人生第一张卧铺票前往青岛。这是个上铺，由于还要回北京办理留学手续，出发前金翔龙还特意找到留在北京的大哥，把自己的书刊资料全部托付在他那里。

第四章　投身海洋

　　1956年5月，金翔龙来到青岛海洋生物研究室。曾呈奎随后也回到青岛开始指导金翔龙接触海洋领域。虽然不从事地质研究，但曾呈奎明确承诺，将为金翔龙创造一切必要的条件，开拓海洋地质的新领域。

在中国科学院海洋生物研究室办公室

　　在研究室的安排下，金翔龙开始去山东大学补修海洋学必需的物理和数学课程，而具体的海洋学课程则需要通过自修完成。从位于青岛中山公园里独幢小楼的研究室出发，翻越一座小山包就是山东大学，地理位置十分便利。在短短的数月里，金翔龙白天要么去山东大学听课，要么和研究室的10多名人员一起工作、学习，晚上就一个人留在小楼里住宿兼看门。研究室里的一架收音机可以通过短波信号收听美国之音，他就半夜偷听，锻炼自己的英语听力。

1956年9月，苏联科学院海洋研究所副所长Л.Л.别兹鲁柯夫访华。童第周从北京打电话给曾呈奎，请他安排一个懂专业、会外语的中方人员到北京去接待和陪同这位海洋地质专家。曾呈奎把任务交给了金翔龙。金翔龙特意去理了发，又买了一双新鞋，出发去了北京。

到达北京后，把自己收拾得干净利落了很多的金翔龙先找到了童第周。当天晚上，童第周将金翔龙带到了北京友谊宾馆，将别兹鲁柯夫亲手"交给"了金翔龙。两人随后到北京火车站坐卧铺抵达青岛，再从青岛转至烟台。俄文流利的金翔龙很快和别兹鲁柯夫熟悉了，副所长也知道了金翔龙即将去苏联留学的事情。在烟台参观了张裕公司后，两人搭乘渡轮去了大连，调查船"金星"号就在那里等候他们。这是一趟教学之旅，别兹鲁柯夫向金翔龙一一介绍了海洋调查工作的详细情况。回到青岛之后，别兹鲁柯夫向中方人员进行了系统的讲学，金翔龙则负责翻译。在讲学结束后，别兹鲁柯夫向金翔龙发出了邀请，希望他去苏联科学院海洋研究所留学。1957年初冬，他给中国科学院专门发函，邀请金翔龙去海参崴，在那里登上苏联科考船"勇士"号参与太平洋考察，等考察结束后即转赴莫斯科学习。

金翔龙开始为这次大洋科考做准备了。由于西方国家的封锁，苏联科考船在菲律宾靠岸时会受到很多限制，而金翔龙作为

第四章 投身海洋

"红色中国"的科研人员在"勇士"号靠岸时甚至不能下船,即使如此,也需要外交部门作出大量的沟通安排才能成行;为了防止传染菲律宾特有的热带疾病,金翔龙还专门去医院注射了一种疫苗。

然而,万事俱备的金翔龙,却迟迟等不到最后的出国通知。他在北京的一家招待所住着,等着,最后连吃饭的钱都没有了,孤零零的他就靠着2角钱一碗白面条拌着花椒水度日。但他还是每天跑图书馆查阅文献资料,按照出海的研究方向梳理研究了整套结晶结构体系。

但他还是等不来那纸出国通知。金翔龙不知道到底发生了什么,他反复前往中国科学院联络处询问自己的护照和签证情况,直到最后联络处才有人和他说了一句"你先回去吧"。这让金翔龙一下子愣住了。

"回哪里?"

"回青岛。"联络处回答。

金翔龙昏头昏脑地离开办公室,走下楼梯。他碰到了童第周。看见他童第周也是一愣。这位大科学家问他:"你怎么还没走?"

金翔龙如实以告。

童第周一跺脚:"你这个小家伙,怎么这么不懂事!"

"不懂事"的金翔龙回到了青岛。不久后研究室人事处找他

89

谈话，告知教育部不同意他出国，原因是有人举报他"个人英雄主义"。研究室党委书记安慰金翔龙说："教育部不同意你出去，我们几次跟他们交涉都没有成功，你先把关系转来我们单位，以后我们找机会再送你出去。"

多年以后金翔龙才知道，在当时的政治气氛中，有人打"小报告"，说自己有右派言论，还把他周围的一批同学卷入其中。事实上，就在金翔龙从青岛出发去北京前，曾呈奎还专门让他带封信给童第周，但是金翔龙并没有看到这封信的具体内容，如果能够"懂点事"，在漫长的等待期间及时找童第周反映情况，也许还能有化解危机的可能，但天真的金翔龙最终错过了这次机会。

他被留在了青岛。下一次走出国门的机会，等到整整23年之后。

第五章
普查海洋

1957年冬天的青岛，海风凛冽，但金翔龙的热血并没有因为失去留学机会而变冷。他依然是那个干劲十足、打算在中国海洋深处干一番事业的"小伙子"。

此时，在童第周等人的支持下，金翔龙的人事关系已经从北京全部调到中国科学院水生生物研究所青岛海洋生物研究室。他准备在青岛踏踏实实地扎根。

作为新中国成立的第一个专业海洋研究机构，青岛海洋生物研究室此时已经扩建为中科院海洋生物研究所，而海洋所委托上海中华造船厂改装的海洋调查船"金星"号也已经改装完毕并交付使用。同时，国家还批准了中国科学院海洋生物研究室建造新的深海调查船的计划，这艘船就是1968年9月建成的"实践"号。

这是一个充满热情和豪迈，充满朝气和活力的年代，也是一个空气连划根火柴都可以点燃的时代。和绝大多数遭遇不公但仍然心向祖国和人民的知识分子一样，金翔龙把全部的热情都投入到中国的海洋地质事业之中。

这时，新中国的海洋探索才刚刚起步。1956年10月，在周恩来总理亲自主持下，国务院科学规划委员会制定了《1956年至1967年国家重点科学技术任务规划及基础科学规划》，将《中国海洋的综合调查及其开发方案》列入第7项。这是中国首次将海洋科学研究列入国家科学技术发展规划，为中国海洋科学的发展勾画出一幅宏伟的蓝图，指明了前进方向，表明了党和国家对海洋科学的重视和支持。

1957年，由"两弹一星"元勋赵九章担任组长的国务院科学规划委员会海洋组已经开始筹备在渤海、渤海海峡和北黄海西部进行一次以物理海洋学为主的多学科多船同步观测，通过系统调查该海区的水文、生物、化学和地质特征，以掌握多种海洋要素的相互影响和一些变化规律，为筹划中的全国海洋普查奠定技术基础。

作为这次行动牵头单位之一的中国科学院海洋生物研究所，所领导童第周、曾呈奎把目光投向了年轻的金翔龙，希望由他挑起海洋地质领域的探索任务。考虑到我国的海洋学研究刚刚起步，研究海洋生物居多、活动范围限于潮间带和近岸，金翔龙几乎是在一片空白的基础上开始了对海洋地质工作的摸索。而就在此时，一项具体任务已经不期而至——渤海海峡部分海岸线周边发现大量的油迹，国家有关部门要求海洋生物研究所派出力量查明油迹的来源，并且最好能查明这些油迹是否意味着渤海湾存在石油储藏。

作为海洋生物研究所仅有的海洋地质专业人员，金翔龙毫无意外地承担了带队的任务。在随后的几个月里，他带着队伍沿着山东半岛进行了考察。但这次考察并不算成功。由于缺乏技术和经验支撑，新中国的海洋人员此时还完全弄不清这些类似沥青的东西到底是由海底溢出的石油还是船底泄漏。可是，自己学习地质不就是为了找矿吗？除了装备的不足，在技术上是否还有什么可以弥补的空间？带着这个问题，金翔龙开始查阅国内外资料，一份报告显示，此时国外已开始运用地球物理的方法进行海底石油的勘探与开采了。

地球物理！金翔龙的心被触动了。这门学科中的地震学和地磁学两个领域有着悠久的历史，而在这两个方面我国均为先驱。我国古书籍中就记载有早至公元前20世纪关于极光的现象。东汉张衡在公元132年设计制造了世界上最早的地震仪——候风地动仪。我国约于10世纪就已将指南针用于航海。唐代僧一行、宋代沈括均对有关地球物理问题作过研究。地球物理学也是早期经典物理学的重要研究内容。牛顿由研究地球和月球的运动而发现了万有引力，由此产生了重力学；牛顿以后的许多数学家和物理学家曾对地球物理学的研究作出过重要贡献，为地球物理学的形成和发展奠定了基础。到了20世纪50年代，地球物理学已经成为一门应用性很强的基础学科，从勘探和开发利用石油与天然气、地热资源、金属与非金属矿藏，到预测与预防诸如地震、火山、滑坡及岩爆等自然灾害，再到保护与监测地球生态环境，保障航天飞行安全等，都可以找到它的身影。直到今天，地球物理学仍然是地球科学中最具活力的学科之一，其研究成果将对21世纪人类的生存发展产生重要影响。

但在金翔龙意识到地球物理学重要性的同时，他也察觉到自己只掌握了这门学科的一点皮毛。在结束这次考察之前，金翔龙就在内心深处给自己确定了两个目标：第一，弄清楚渤海到底有没有石油以及全国的海洋里有没有石油；第二，就是渤海湾内的一系列岛屿和山东半岛究竟有着怎样的地质关联，而这一旦明确也就意味着能够在历史上第一次弄清楚渤海和黄海到底是什么关系，进而彻底弄清楚渤海海峡的成因。这两项任务都需要运用地球物理学的方法，为此他开始抓紧时间补充学习数学、物理和无线电工程方面的内容，为更好地掌握地球物理这门学科储备知识。同时，他也开始寻求时机，准备向上级建言开展石油勘查。

这时已经是1958年的春天了。整个国家的建设热情仿佛像即将烧开的水壶。当年5月，党的八大二次会议正式通过了社会主义建设总路线，号召全党和全国人民，争取在15年或者更短时间内，在主要工业产品的产量方面赶上和超过英国。会上通过了第二个五年计划，提出了一系列不切实际的任务和指标。会后，全国各条战线迅速掀起了"大跃进"的高潮。与此同时，整个国家都进入了大炼钢铁阶段，村村点火、户户冒烟的基础上，整个中国实现了1108万吨的钢产量和1369万吨的生铁产量。但实际上合格的钢只有800万吨，所炼300多万吨土钢、416万吨土铁根本不能用。估计炼钢铁在全国约损失200亿元。

金翔龙的海洋地质工作也在大跃进和大炼钢铁的风潮中拐了一个弯。尽管海里没有铁矿，但是沙滩上是否有铁矿砂，似乎还没有科学定论。为了在国家前进的脚步中不拖后腿，海洋生物研究所的部分专家也全身心地投入到炼钢热潮中，他们开始考察青岛的海滩上是否能找到铁矿砂。金翔龙专门前往青岛海西一带，在当地景色优美、大雁栖息的沙滩上反复寻觅，最终一无所获。就在他感到有些彷徨的时候，一个重大喜讯传到了他的耳朵里——全国海洋综合调查就要开始了！

1958年5月，金翔龙匆匆赶回了青岛市区，在栖霞路12号郭沫若曾居住过的别墅里参加一次重要的会议。除了自己的领导童第周、曾呈奎，他还见到了时任中国科学院副院长的竺可桢等著名科学家和人民解放军海军海洋调查测量部部长律巍等一批军队、海洋和地方机构的主要负责人。此时，由海洋生物研究所以及海军、水产部、山东大学等组成的考察队已经在渤海和北黄海西部工作了一段时间，使用的就是刚刚交付的"金星"号调查船。考察队联合进行了以物理海洋学为主的多学科多船同步观测，较系统地调查了该海区的水文、生物、化学和地质特征，掌握了多种海洋要素的相互影响和一些变化规律。最终中国科学院海洋生物研究所根据同步观测资料和同期内"金星"号调查船获得的资料，编写了《一九五七年六月至一九五八年八月渤海及北黄海西部综合调查报告》。这次调查标志着中国海洋调查由单一学科调查向多学科综合性调查的转变，是全国海洋普查的预演和序幕。

1960年金翔龙在青岛（中国科学院海洋生物研究所）工作

金翔龙对这次调查的情况已经有所了解。在会议上，全国海洋普查的详细规划也得以完整呈现。作为中国历史上第一次全国范围的综合性海洋调查，新中国决定以这次普查为契机，"打一次海洋学界的人民战争"。由海军、中国科学院、水产部、交通部、中国气象局、高教部等部门相关负责人组成了全国海洋普查领导小组，组长律巍，副组长赫崇本、曾呈奎、王云祥。领导小组下设海洋普查办公室和三个海区（黄海、渤海区，东海区，南海区）调查领导小组。海洋普查办公室是全国海洋普查领导小组的常设机构，下设技术指导、资料技术、器材保障等组。参加全国海洋普查的调查队员先后有600多人，他们来自海军、中国气象局、中国科学院、水产部、山东大学、厦门大学、华东师范大学等系统和单位，并且选调了一大批即将毕业和在校的大学生参加海洋调查。全国一盘棋，统一指挥，除调配各单位的人员外，仪器设备和船只也是统一划拨调配，一切是无条件的和无偿的。

会议通报说，全国共划分为7个测区。渤、黄、东海4个测区先做，从1958年9月开始至1959年12月；南海3个测区，从1960年1月开始至1961年3月稍后开展。每个月七八条船同时出海，在几百个网格式的测点上同时进行气象、水文物理、化学、地质和生物的全面观测和取样，同时结合渔业试捕评估渔业资源。一线人员上千人。如此大规模的海洋调查是空前的、壮观的和鼓舞人心的。

年轻的金翔龙越听越激动,他觉得大展拳脚的时候到了。但在会议的过程中,此前的渤海湾油迹考察经历让他浮现了一个念头:为什么不把这次普查变成我国海洋石油的一次摸底调查?这是一个多么难得的机会!

石油!这乌黑的、流动的现代工业血液!新中国工业建设的命脉!就在全国海洋普查会议进行的同时,数以万计的地质勘探队员正在东北、华北平原上奋战着。人们还不知道,就在会议之后的6月(也就是1个月后),新中国第一次在松辽平原上的大庆长垣构造发现了厚达几十米的油砂层,1960年,那场改变中国历史的石油会战——大庆会战就将正式打响。但这时金翔龙还不可能预知到这一切,他只知道,按照现有的海洋普查方案,海洋地质调查仅仅包括海底沉积物的采集、海水深度的测量等最基础的工作,绝对无法满足国家对重要资源特别是石油的迫切需求。

该不该在普查中列入找矿这项内容?老一辈的科学大家们注意到了他的躁动不安。曾呈奎问金翔龙是不是有什么想法。在犹豫了一下之后,金翔龙决定还是开诚布公地说出自己的意见。

"我们……能不能考虑同时进行海洋石油调查?"

会议短暂陷入了沉默,几位主要负责人互相看了一眼,都没有立刻给出答复。金翔龙心里一下子变得沉甸甸的——这么庞大的科考计划凝聚了整个国家的智慧,必然已经充分考虑到了各方面的基础条件和现实需求,也许自己真的是过于莽撞了?还是自己的判断出现了偏差？

就在金翔龙忐忑不安的一刻，一位负责人打破了沉默。

"你是提出一个想法还是有了更详细的考虑？"

金翔龙猛然一下坐直了腰板。他已经有了一定的考虑。此前的出国准备、长期的学术积累、苏联专家的倾心相授、进入海洋生物研究所后的持续学习和多次现场实践，已经让他有了基本的方案：船和设备应当从哪里来，海洋石油调查如何与其他调查项目配合开展，人员培训如何进行，规划目标和主要勘测地区如何布局……他开始滔滔不绝地阐述自己的想法，全然忘记了坐在面前的全是自己的师长与领导。

在金翔龙口干舌燥地结束了自己的长篇发言后，会议再次短暂陷入了沉默。几位负责人又开始互相对视，最终有人开口，让金翔龙尽快形成一个完整的文字建议方案，提交给领导小组审议。

当会议结束的时候，金翔龙成了最快乐的人。尽管还没有最终拍板，但通道已经打开这件事本身就已经让他欢欣鼓舞。他一路奔跑，回到自己的宿舍，铺开稿纸，开始把自己的想法诉诸笔端。他建议全国海洋普查应当纳入石油勘查部署，并且从渤海开始。

建议递交上去了。金翔龙开始了又一次的等待。但这次他没有等多久。全国海洋普查领导小组很快就批复了他的建议，同意在已有规划部署中增加新的关于海洋石油调查的计划，这是一次破天荒性质的决定，整个普查规划在一个年轻人的建议下发生了调整。

但金翔龙在兴奋之后感到了任务的艰巨，摆在他面前的，是海洋生物研究所在海洋地质调查领域的一穷二白。所里能够配给金翔龙的，只有少量的渔船，借船成了头等大事。金翔龙向海军提出了支援请求，借来了一些部队的战斗舰艇充当临时的海洋调查船，也正是这些舰艇支持中国海洋地质工作者完成了第一次海底地震调查；第二件大事就是培训专业人员，来自地方院校的大学生和海军人员齐集青岛海洋生物研究所，从头开始接受海洋地质调查训练，金翔龙和所里的其他成员轮流给这些"新兵"授课，借助"金星"号仍然在渤海调查的契机，金翔龙还带着他们登船完成了第一次海上调查，很多人甚至还是第一次出海。在这次培训实习中，所有人都熟悉了仪器的操作流程，完成了海底取样、海水深度测量等基本技术环节，新中国最初的海洋地质调查队伍就这么在摸索中开始成型。

1958年9月15日，汽笛长鸣。黄海、渤海调查队和东海调查队的船只分别从青岛和上海出发，揭开了全国海洋普查的序幕。全国海洋普查的范围包括我国大部分近海区域。在北纬28度以北的渤海、黄海、东海海区，布设了47条调查断面、333个大面积巡航调查观测站和270个连续观测站；在南海海区内布设了36

第五章　普查海洋

条调查断面、237个大面观测站和57个连续观测站。另外，在浙江、福建沿海的两个海区内布设了8条调查断面和54个大面观测站。这是一场持续了8个月的探索性大面调查。由于受当时条件的限制，东海区台湾省附近和南海区大片海域未能进行调查。

此时，金翔龙和他的队伍出现在了"金星"号上。这艘海洋调查船作为中国第一艘现代化的海洋调查船，总吨位930吨，满载排水量达到1 700吨，设有物理、化学、生物、地质等6个实验室和1个气象观测室，可分别进行有关海洋的各项研究。船上配备了自记水温计、无线电测向仪等新式仪器，能够自动记录海洋的温度、海流、深度，可以通过抓斗和悬管从海底取样，其设备在那时是最先进的。

我国早期海洋地震剖面爆炸船（艇）（20世纪50年代末）

然而，即使搭乘了这艘调查船，新中国的海洋队伍还是经历了超出预想的艰苦挑战。冬天的渤海湾，寒风刺骨，波涛汹涌，时常南下的小股冷空气给所有人的调查工作都增加了很大的难度。当"金星"号驶抵莱州湾时，金翔龙按照计划需要完成一次海底采样。此时，风高浪急，海况并不利于调查工作的开展，船长向金翔龙提出建议，希望调查暂时中止，让调查船回港避风。但金翔龙不希望中断本来就已经十分紧张的调查行程——采样器已经下海、机器还在转动，怎么能离开呢？金翔龙要求继续干下去。违拗不过他的船长最终答应了他的请求，让金翔龙停留在了后甲板上。

海浪一浪高过一浪，调查船在波峰浪谷间颠簸着。突然间，天昏地暗，金翔龙就觉得身体在滑动，呼吸也有了异样的感觉。他意识到出事了！一定是船被海浪压到水下了！

本能的反应让金翔龙四处乱抓，要找一根救命的稻草。下滑之中，他摸到一根粗粗的钢缆，死死地抓住。冰冷的海水狂暴地抽打着他的身体，他只能在水下苦苦屏气等待，极力地镇定住自己。

时间不知道过去了多久，船终于露出了水面，海水向甲板四方溢出去。这时金翔龙才知道，海水已把他冲到了甲板的边缘，如果没有了这根钢缆，后果不堪设想。

人们涌上了甲板寻找金翔龙。他们看到的是死里逃生的金翔龙依然紧紧地抓住钢缆，身上军大衣全部湿透了。人们七手八脚地把金翔龙拉回船舱，给他换衣服。换下来的大衣和棉袄拿去烘干，上面渗出了一层盐花，让大衣和棉袄都变成了白色。

与死神擦肩而过的金翔龙首先想到的是自己那根采样管。他问的第一句话是："样品拿到了吗？"

"拿到了，老金。"有人这样喊向这位20多岁的年轻人。

"那结果怎么样？"

"很理想啊！"

那一天风浪在金翔龙遇到这场突发事故后停息。在接下来的十几个小时里，风浪让"金星"号不断地剧烈颠簸。人们抱着碗吃饭，只要稍一松手，碗碟就会落在甲板上摔个粉碎。人们大多都在晕船、呕吐。金翔龙和船长、政委一起，动员大家吃饭，他自己当晚吃了三顿饭，吐了两次。

1959年冬在北黄海海边　　20世纪60年代，金翔龙在海洋调查船上

在参加海洋普查的过程中,金翔龙开始考虑中国海洋地质调查的规范化问题。从最初的队伍培训开始,他逐渐意识到,在完成任务的基础上,中国应当形成符合自身需求的海洋地质调查体系,他建立的这支队伍不能因为任务的完成而散落。他开始在出海调查的同时,在陆上进行更加系统的人员培训和技术规范编写工作。从仪器制作到管理、使用,甚至包括如何清洗容器,都要形成规范性的手册。别兹鲁柯夫带来的资料此时派上了用场,金翔龙一头扎进去开始编译,在这一过程中,他和同事们也结合中国的实际情况和多次实践结果,进行了针对性的改编,最终形成了一整套8本的海洋调查操作指南,新中国第一套海洋调查技术体系也由此宣告建立。

随着调查的深入,越来越多的短板和不足暴露了出来。已有的调查设备只能取得最基础的数据和样本,根本无法完成金翔龙构想中的、利用地球物理学开展石油勘查的预定任务,可他手里连最基本的一台地震勘探仪都没有。

地震仪一般是监测地震发生,记录地震相关参数的仪器。我国东汉时代的科学家张衡,在公元132年就制成了世界上最早的"地震仪"——地动仪。到了近现代,地震勘探逐步成为最常用的石油勘探方法之一。地震勘探仪的基本原理是利用人工震源(如炸药爆破等)在地层中产生振动信号,根据设计要求在距离激发点不同的地方布置传感器(即地震检波器)接收振动信号,然后对接收到的振动信号进行处理、解释，根据信号的频率、振幅、速度等信息分析不同深度地层的属性、构造的形态等，从而初步判断是否具备生油、储油条件，最后提供钻探的井位。在20世纪50年代，欧洲、美国、苏联都开始运用此类设备展开石油勘探工作，但西方国家的封锁和禁运使得此类设备极难获得，整个中国当时只有少数几部苏联提供给石油部的地震仪可供使用，可石油大会战正在进行之中，想从石油部将这些宝贝借出来是绝对不可能的事情，况且在海上勘探还得对这些仪器进行改造。

好在天无绝人之路。金翔龙四处打听，得知石油部下属的西安石油仪器仪表厂正在仿制苏联的地震仪。他跑去西安，找仪表厂的总工程师谈判，对方同意提供，但需要中国科学院海洋生物研究所协助提供一种重要的原材料漆包线。这是一种非常细的42号漆包线，当地震仪接收到了地震波时，将地震波从振动波变成电波，在仪器里面的磁场影响下，进而以光学的方式将振动记录下来，完成这一转换的检流计非常需要这一关键材料。金翔龙答应了下来，他回到北京在中国科学院四处寻觅，其间来回在青岛和北京之间奔波，最终还是一无所获。

没有漆包线，就没有地震仪。金翔龙意识到自己不是石油部门"科班出身"，如果不打破部门界限，他永远也搞不到自己想要的地震仪。他开始转变策略，四处登门拜访，先后联系、沟通了石油科学研究院、中国科学院地球物理研究所和地质部等单位。在石油科学研究院，他找到了翁文波，请这位德高望重的老先生出手相助。这位著名的地球物理学家、石油地质学家、中国石油地球物理勘探、测井和石油地球化学技术的创始人在听完了金翔龙的计划后，毫不犹豫地表示支持。在地质部，金翔龙拜见了总工程师顾功叙，他也非常支持。

在翁文波的主持下，多个机构在石油科学研究院开会商讨金翔龙的计划与构想，北京地质学院薛琴舫教授也闻讯赶来参加会议，坐着轮椅奔赴会场。会议一致同意由石油科学研究院派人作为技术总负责，协助金翔龙完成这次调查。

在翁文波的介绍下，鲍光宏和刘光鼎加入了这支队伍，接着，地质部的王先彰、中国科学院地球物理研究所的李白基也都来了。金翔龙拉起了一支技术力量空前完备、强大的海洋地质勘探队伍。

在完成了基础准备后，他向中国科学院提出了关于帮忙调配地震勘探设备的请求，并为此申请召开一场专门的汇报会。出乎意料的是，中国科学院秘书长裴丽生出现在汇报会上，他要亲自听取汇报。

金翔龙开始详细汇报自己的需求，他说起了海上石油勘探的紧迫性、海洋工作的艰险，各部门为此付出的努力和心血，他还讲到了渤海湾里的渔船和军舰以及那些简陋的设备……他急切地讲着，他还告诉裴秘书长一个最新的信息：就在他"跑部"的这

第五章　普查海洋

几个月里，西安石油仪器仪表厂的地震仪已经搞成功了，仿制好了，一台成品就在北京，放在北京展览馆里参加建国十周年工业成就展览会，他就想要那台仪器，院里能不能想办法弄来啊？之前赴西安石油仪器仪表厂试图争取国产设备，自己在招待所睡地板、冻得天昏地暗可都没搞到呢！

裴丽生笑了，他说："立刻请示院党委书记张劲夫，你等一等。"

裴丽生离开了会议室，过了不久，他拿着个巴掌大的纸给金翔龙，让他去石油部找部领导。金翔龙拿过纸条一看，这是一份张劲夫个人的介绍信，上面只盖了一个不大的私章。

"秘书长……这个，啊，这个……这个章管用吗？"他犹豫半晌，还是大胆问了出来。

裴丽生又笑了，他说，管用，比科学院的大章还管用，这是张劲夫书记的私章，代表中国科学院党组。

原来如此！金翔龙决定去试试。他没有一刻停留，直接跑到石油部，找到了办公室负责人，把这张巴掌大的纸条递了过去。对方看了一眼就告诉金翔龙："你回去，过两天就答复。"

金翔龙狐疑地回去了。两天后他再次来到石油部，向办公室打听："怎么样，能借吗？"

"能。你们拿去吧。"

金翔龙兴奋得说不出话来。这可是一整套装置，要装在汽车上才能弄走。石油部把地震仪装在有完整配套显影洗相设备的卡车实验室里。卡车实验室就从北京的石油部直接开到青岛的海洋所去了。车开了一晚，金翔龙就一晚没睡，他第一次明白什么叫"睡着了也会笑醒"。车开到了青岛，没过几天就直接上了海军的军舰"桐柏山"号，被人们用缆绳固定在了这艘登陆舰的甲板上。

地震仪需要配备大量的电缆，可金翔龙也找不到现成的材料，鲍光宏向他建议，可以用军用被覆线编制成电缆。但即使如此，他手里仅有的陆地检波器也无法在海上使用。难道辛苦调来的地震仪就这么白白搁在那里？

金翔龙不愿意等待，他们决定自力更生，开始改装设备。他们想出了一个主意。金翔龙请同事找来一堆粗大的毛竹，切成一节一节的，打开后把检波器放入竹筒中，再将开口用柏油糊住并穿入电缆，这样就成了一种土法制造的海中检波器。可这样的电缆要扔到水中就会因为过重而沉底，达不到悬浮的效果，必须用浮力材料加以平衡。人们找不到最合适的塑料配件，就想办法弄了一大堆篮球的内胆，打足了气绑在电缆上让它实现半悬浮。为此他们跑遍了整个青岛的体育用品商店，几乎把篮球胆买断了货。

声源用炸药也是一个问题，需要金翔龙他们自己解决。那时候还没有塑料，人们只能用油布，将油布做成水瓶那么大的袋

第五章　普查海洋

子，里面可以装5千克炸药，再把雷管塞进去。为了防止雷管被海水打湿，他们论公斤买来安全套，将它牢牢套住雷管并抹上油封口，再放入炸药包之内。使用时，调查人员需要手工将炸药包扔到海里后，通过目视确定其到位后再按起爆器，爆炸的声波触到海底和地层后就反射回来，通过电缆上的检波器接收，振动记录在相纸上，最终再经过显影、定影显示出来。整个过程不能出丝毫差错。此外，这些足以把科研人员和渔船统统炸得粉碎的炸药不论是制造还是使用都需要纯手工制作，每个人的手和衣服都被染成酱黄色，难以清洗。

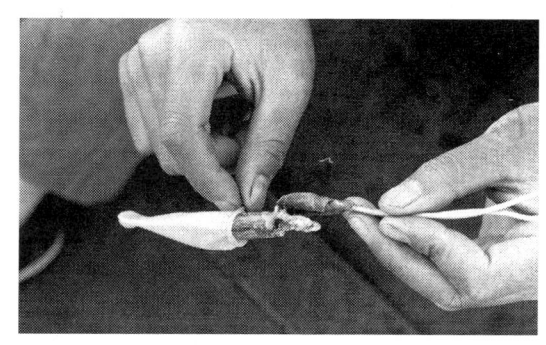

20世纪50年代海洋地震调查中自制雷管和炸药包

50年代海洋地震调查中自制海上接收电缆

50年代海洋地震调查中研制水听器

万事俱备之后，开创性的海底勘探开始了。这是一个使人高度紧张和疲惫的过程。包括金翔龙在内的每个人都是在冒着巨大风险的情况下进行勘探。特别是在最后的海上爆破环节，为了保证勘测剖面的连续和完整，爆炸必须做到每两分钟一次，且每一个步骤都不能错，金翔龙根本来不及用剪刀，只能不停地用牙去咬起爆线，这导致多年以后，他的一口牙齿陆续松动脱落，还没到退休年龄便配上了全套的假牙。鲍光宏、李白基、金翔龙他们白天黑夜轮流运转，在后期工作中，他们还在"海测一号"军舰上创造出夜间作业的技术流程。他们前后花了两个多月时间完成了从山东龙口到河北秦皇岛的地震剖面调查，而这也是中国海上第一条海洋地震剖面，实现了海底勘测"零的突破"，向全世界宣告新中国的海洋石油勘探在隆隆的"手工炸炮"声中拉开了大幕。

　　1960年1月，全国海洋普查工作重点转入内业，即整理调查资料阶段，年底结束。全国海洋普查共获得各种资料报表和原始记录9.2万多份，图表（各种海洋要素平面分布图、垂直分布图、断面图、周日变化图、温盐曲线图、温深记录图等）7万多幅，样品（沉积物底质表层样品、地底柱状样品、悬浮体样品及其他地质分析样品）和标本（浮游生物标本、底栖生物标本）1万多份。国家科委海洋组办公室对这些资料进行整编，于1964年出版了《全国海洋综合调查报告》（10册）、《全国海洋综合调查资料》（10册）和《全国海洋综合调查图集》（14册）。这是我国首次系统地整理、编绘和出版的海洋调查资料汇编和海洋环境图集。

在这之前的1959年的冬天，金翔龙参与的全国海洋普查海上调查工作已经告一段落，他前往北京，负责带队安排一些研究人员和技术人员去有关单位进行新的专业培训。紧接着新的命令到来，他被派往广州，为了更好地开展海洋地质工作，扩大海洋地质调查队伍、增强海洋地质调查能力，那里将和青岛一样开设海洋地质实验室，也是全国海洋普查的工作站。

在广州期间，金翔龙落脚在南海舰队司令部的石榴岗，为推进工作，他需要在汕头、海南岛、广州各布置一到两个基站。辗转三地的过程中，他开始搜集资料，准备去西沙，最终这次计划没有实现，但这些宝贵的数据资料为日后的莺歌海石油勘探奠定了基础。在完成这次布站后，金翔龙回到了青岛，至此，在他的带动下，中国科学院建立起了我国最好的海洋地质研究实体，一支富有战斗力的海洋地质专业人员队伍也正式诞生，海洋地质工作也从青岛推向了全国。

1960年，金翔龙开始发表相关研究成果。根据海上地震勘测及钻井资料，他识别出渤海是一个断裂控制形成的、具有巨厚沉积的构造盆地，并划分出其海底构造单元，评价了其海底油气远景，指出渤海西南部为油气富集区。就在这一年，金翔龙被提升为助理研究员，开始负责中国科学院海洋所海洋地质研究室的工作。

金翔龙参与全国海洋普查之后，又开启了一系列海洋调查并取得了宏大成果。首先进行的就是近海标准断面调查。在全国海洋普查海洋水文标准断面调查的基础上，开始进行近海断面监测。1960—1962年由中央气象局负责，1963—1965年由中国科学院海洋研究所负责，1966年以后由国家海洋局负责。近海断面监测是在中国近海水域布设多条标准断面，定期开展水文、气象和海水化学等要素的观测，为研究主要海洋现象的季节和年际变化以及异常海况等提供宝贵的基础资料，在海洋科学研究、海洋环境预报、渔业生产及国防建设等方面发挥了重要作用。

全国海洋普查促生了海洋科学各分支学科的建立。此前，我国只有相当薄弱的海洋生物学有一些研究工作；全国海洋普查培养、锻炼、造就了一大批海洋科技人才，形成了一支庞大的海洋科研队伍，所以不仅海洋生物学得到极大的加强，同时促进了物理海洋学、海洋物理学、海洋化学、海洋地质学等主要分支学科的发展，推进了我国海洋科学其他分支学科的建立。

全国海洋普查促成了我国众多重要海洋机构的建立。在普查中，1959年1月，中国科学院海洋生物研究所扩建为中国科学院海洋研究所；同月，中国科学院南海海洋研究所在广州成立；3月，我国第一所海洋综合性理工大学——山东海洋学院成立。特别是全国海洋普查直接促成了国家海洋局的成立。

第五章 普查海洋

金翔龙也为这种全国大协作的海洋开发格局做出了贡献。1960年，和金翔龙搭档的鲍光宏回到了石油部，同样准备下海做海洋石油勘探。他向金翔龙征询意见，希望他给出大致的区域方向。金翔龙想起自己在广州搜集的南海数据和资料，也想起莺歌海附近海面的石油痕迹，究竟是不是海底冒出来的原油并没有确证。金翔龙推测，越南和中国交界处的红河大断裂可能与此有关。鲍光宏赞同金翔龙的判断，决定就在莺歌海勘探，但随后的工作因为设备过于简陋、只能用竹竿子插检波器下海探测而没有得到理想结果。直到20世纪80年代人们才最终勘探弄清北部湾油气分布情况，也证明金翔龙的推测是有道理的。

同样是在1960年，地质部也着手准备勘探海洋油气储备。金翔龙使用的船、仪器、装备都交给了地质部门使用。但在最初的工作进程中，装备运用并不理想，人们希望金翔龙过去协助。金翔龙赶了过去，他参与的这次勘探打开了地质部门"下海"的大门，也为后来的上海海洋地质调查局勾勒出了雏形。

1961年至1962年，金翔龙用自己研发的地震仪和配套电缆等设备，以地球物理勘探方法在我国首先调查南黄海。在这一过程中，他创造了独特的"点阵法"，对南黄海提出了"一隆两坳"构造划分，将南黄海划为3个构造单元，即北部坳陷、中部隆起和南部坳陷，并指出两坳陷具有含油远景，以南坳最佳。该认识被地质部接受为勘探南黄海石油资源的指导性意见，并在勘探中得到了证实。1976年，通过对北黄海的地球物理勘查，判明北黄海的构造性质，编出该区中新生代盆地的沉积厚度图，指出北黄海中的两个小盆地有油气希望。

金翔龙这一时期的研究成果首先在1959年至1961年期间以内部报告形式陆续发表，包括《渤海地震工作总结报告》（1959，内部报告）、《胶州湾地质调查报告》（1959，内部报告）、《庙岛列岛地质报告》（1959，内部报告）、《渤海及其周围大地构造与含油盆地探讨》（1960，内部报告）、《南黄海地质调查报告》（1961，内部报告）、《山东东部（海阳—乳山）山字形构造考察报告》（1961，内部报告）、《海洋地震工作方法》（1962，内部报告）等；另外一些研究成果则受政治形势影响，在1962年直至1978年陆续面世，包括《黄海南部大地构造性质初步探讨》（海洋与湖沼，1962）、《庙岛列岛地质的初步观察》（海洋与湖沼，1964）、《渤海"沙七井"海底浅层结构测量及工程地质报告》（1972，内部报告）、《北黄海地质构造调查报告》（1972，内部报告）、《东海大陆架地磁场与地质构造研究》（海洋科学，1978）、《北黄海地质构造特征研究》（海洋科学，1978），见证了这一时期石油勘探的成就。

在工作过程中，金翔龙的研究思想开始发生改变。从最初的油气勘探出发，他的兴趣开始向更深层面、更加基础性的海底深部结构研究转变。这既是夯实海洋石油勘探理论基础的需要，也是我国国防建设和安全斗争的迫切需要。他花了很大力气从苏联引进了两套深地震测深仪。1963年，他前往舟山群岛参加一项重大军事工程研究，两套地震仪设备发挥了积极作用。也正是从这里起步，金翔龙借鉴第二次世界大战期间及战后美国海洋声学技术研究成果，开始了中国首部剖面仪的研究工作。

1965年，金翔龙参加"四清"工作，暂时离开了海洋工作一线。1966年，石油部的工作重心从莺歌海转回渤海，他们找到金翔龙，希望他能提供技术支持。金翔龙同意派出一支地震队和一支重力队参加这次勘测。和金翔龙熟识的渤海大队总工程师黄佩智十分高兴，拉着金翔龙彻夜抵足长谈。两个人抽了一整夜的烟，在满地烟头的基础上构建了新一轮海洋石油勘探计划。金翔龙动心了，他打算再次投身进入，完成从勘探到开采的一系列流程。黄佩智兴奋地拍起了金翔龙的肩膀："我们等你！"

这一等，就是整整10年。金翔龙没有履约。

他突然消失了。

第六章
淬火复出

1966年，正当国民经济的调整基本完成，国家开始执行第三个五年计划的时候，意识形态领域的批判运动逐渐发展成矛头指向党的领导层的政治运动。一场长达10年、给党和人民造成严重灾难的"文化大革命"爆发了。

20世纪70年代末，著名报告文学作家徐迟在其名作《哥德巴赫猜想》一文中对当时情景做了这样的描述：

"文化大革命"开始了。中国发生了一场内战，到处是有组织的激动，有领导的对战，有秩序的混乱，只见一个一个的场景，闪来闪去，风驰电掣，惊天动地。一台一台的戏剧，排演出来，喜怒哀乐，淋漓尽致；悲欢离合，动人心扉。一个一个的人物，登上场了。有的折戟沉沙，死有余辜；四大家族，红楼一梦；有的昙花一现，萎谢得好快啊。乃有青松翠柏，虽

第六章 淬火复出

死犹生，重于泰山，浩气长存！有的是国杰豪英，人杰地灵；干将莫邪，千锤百炼；拂钟无声，削铁如泥。一页一页的历史写出来了，大是大非，终于有了无私的公论。肯定—否定—否定之否定。化妆不久要剥落；被诬的终究要昭雪。种子播下去，就有收获的一天。播什么，收什么。天文地理要审查；物理化学要审查。生物要审查；数学也要审查……庄严的科学院被骚扰了；热腾腾的实验室冷清清了。日夜的辩论；剧烈的争吵。行动胜于语言；拳头代替舌头。"无产阶级文化大革命"像一个筛子。什么都要在这筛子上过滤一下。

正在筹备新一轮石油勘探的金翔龙也被这个"筛子"给筛住了。他被扣在"牛棚"里——这个平常只出现在畜牧生产中的专有名词在"文革"期间变成了人身羁押场所的代名词，起源则是受害者们通常被冠上了"牛鬼蛇神"这样的侮辱性称号。

"文化大革命"发动后，他迅速被戴上了"实权派""漏网右派"和"现行反革命"等一堆莫须有的帽子。第一次被赶进"牛棚"时，他还试图为自己辩解。在情势进一步紧张时，金翔龙找了个缝隙，从青岛转移到了西安。在那里，曾经为他提供过地震仪的西安石油仪器仪表厂成了暂时的避风港。在全球已经开始的大规模集成电路研制浪潮中，这里正在仿制法国SN338型数字化地震仪，这种型号的地震仪使用了半导体和集成电路，性能

117

比传统地震仪得以大幅提升。金翔龙以此为契机，开始自学半导体与集成电路知识，一位同事钱正绪（著名艺术家钱君匋之子）帮他从图书馆借到了一些英文原版书籍，因为那时非"革命群众"已不能在图书馆借阅书籍了。但在西安工作一段时间后，仪表厂和整个西安也很快变得更加动荡不安，金翔龙被迫回到了青岛。

这时新的状况出现了：他的妻子、正在青岛的山东海洋学院任教的高曼娜被人举报"攻击江青"，已经被关进了监狱。这让刚刚回到青岛、立足未稳的金翔龙心急如焚。

高曼娜和金翔龙一样是江苏人，在抗战期间同样辗转迁徙到了大后方的重庆，只不过她和家人走了一条更加艰苦的、从江西到广西、贵州再到重庆的陆路徒步行程。1956年，在准备赴苏留学的过程中，金翔龙第一次在高等教育部遇到了这个身材娇小、面容清秀的女孩。看见她也在填写志愿方向表格，金翔龙忍不住

20世纪60年代初期，留苏的高曼娜于莫斯科大学校园内

偷看了一眼，发现上面写的也是"海洋"两个大字，这让他不由得再多看了这个女孩几眼，却没敢搭腔。随后的日子里，谁也没想到两人的道路能走到一起，因为就在金翔龙被中止出国准备的时候，高曼娜却顺利前往莫斯科留学。

然而命运偏偏就在这里遭遇了一次小小的意外撞击，金翔龙有一位室友是高曼娜的大学同学，在他的牵线搭桥下，同样钟情于海洋的金翔龙和高曼娜开始就学习问题鸿雁往来。学成归国后，高曼娜也被派遣到青岛工作，也就是在这座美丽的海滨城市里，两人的生活轨迹完全重合到了一起，在"文革"开始前，两人已经育有一子一女，过着平静的生活。

年轻时的金翔龙与高曼娜

因此，当听到高曼娜出事的消息时，金翔龙再也隐藏不下去了。明知道造反派还在搜查自己的行踪，心急如焚的金翔龙依然直奔山东海洋学院打听情况。在一片混乱的校园里，他找到了妻子的一名老同事，也是自己的老熟人。对方告诉他，高曼娜是在周一上午的思想汇报会上突然"出事"的。当时人们刚刚进行到早请示、晚汇报阶段，在念完毛主席语录后，会议主持人突然以严厉的口吻提出高曼娜的一些言行是对"伟大旗手江青同志"的恶毒攻击，属于严重的反革命行为，还没等高曼娜辩解，有人就一拥而上，强行带走了她……

金翔龙试图联系上自己的妻子，但是没有任何结果。他知道自己也并不安全，造反派仍然在到处追查他的下落。他一边想方设法照顾自己的两个孩子，一边偷偷地烧掉了自己多年的日记和往来信件，以防止可能降临的不测。

他的预感是正确的。1967年初，金翔龙被造反派再次关进了"牛棚"，全家被抄，除了私人物品外，保存在家里和办公室里的学术资料也荡然无存。这一关就是整整两年。"牛棚"生活，主要内容是学习毛主席著作与政治文件，"洗涤灵魂"，也参加一定的体力劳动。对那些所谓的"罪大恶极"者，还实行必要的"群众专政"。凡是进了"牛棚"的人，统统被称之为"黑帮"，基本上失去人身自由，动辄遭到训斥、批斗或者打骂。"更有甚者，他们的工资被停发，每月只给少许的个人生活费，一般是25元，或者多些，或者少些，全凭各单位的造反派来定。而一些人的个人存款也被冻结，个人无法去支取"。

在"牛棚"里，早晨跑步也是折磨"罪犯"的一种办法，

第六章 淬火复出

让他们在整天体力劳动之前，先把体力消耗殆尽……根据口头法律，谁也不许抬头走路，谁也不敢抬头走路。有违反者，背上立刻就是一拳，或者踹上一脚……

"牛棚"的岁月一直持续了两年，直到1969年1月9日，金翔龙才被释放。发挥主导力量的是工宣队，负责审查中国科学院海洋研究所的工人老大哥们想知道这个戴着眼镜、性格倔强的知识分子到底如何变成了"实权派"，又是如何搞的反革命活动。几次审查后他们生气了：这不都是胡说八道吗？金翔龙怎么可能是反革命？他们决定释放金翔龙，让他恢复正常的社会生活。

但这两年已经是金翔龙一生中最黑暗的一段时光。两年间，因为夫妻二人都被关押，无人照看的两个孩子一度流落街头，靠翻垃圾和捡白菜帮子果腹度日。金翔龙的好友和同事焦虑万分，他们找到两个孩子，私下轮流照看，才避免了最惨痛的结果出现。金翔龙直到走出"牛棚"才知道这一切，而此时高曼娜还在被关押之中，妻子与孩子的遭遇仿佛是扎向他心口的一把锋利的刀，令他鲜血淋漓、痛苦不堪。

1969年初，金翔龙被释放后带着一双儿女艰难度日。他被安排在市区内扫大街，每个月40元的工资。5岁的儿子和2岁的女儿全靠他一个人照顾，生活捉襟见肘。喜欢抽烟的金翔龙每个月花八毛钱去买卷烟厂的烟末，自己组装了一台手工卷烟机卷成烟卷过瘾。他白天出去扫地，晚上回来给孩子做饭、收拾，直到孩子

121

睡下他才获得一点短暂的、属于自己的宁静时光。

但他决心要做些什么。在逆境中，金翔龙没有失去理智，没有自我放弃，他认为天总会亮的，失去斗志的人，不是最终的战士。离乱的煎熬，理想被压抑，都没有抹平他的斗志，也没有浇凉他的热血。他在最黑暗的境地中也清醒地察觉到，中国不会永远在这条错误的轨道上运行下去，政治动乱过后，古老的神州大地一定会冲出阴翳，这块土地将比以往任何时候都渴求现代化的科学技术，作为中国的知识人才，他必须为此做好一切准备，中国不能让世界抛离得太远！

因此，在反复思考权衡后，看上去和海洋地质风马牛不相及的集成电路成为金翔龙选择的重点方向。

1958年，美国人杰克·基尔比将几根零乱的电线和五个电子元件连接在一起，形成了历史上第一个集成电路。虽然它看起来并不美观，但事实证明，其工作效能要比使用离散的部件高得多。在基尔比研制出第一块可使用的集成电路后，美国仙童公司联合创始人罗伯特·诺伊斯提出了一种"半导体设备与铅结构"模型。1960年，仙童公司制造出第一块可以实际使用的单片集成电路。诺伊斯的方案最终成为集成电路大规模生产中的实用技术。基尔比和诺伊斯都被授予"美国国家科学奖章"。他们被公认为集成电路共同发明者。

此后，集成电路芯片封装技术逐步成熟并开始得到应用，这一技术解决了集成电路免受外力或环境因素导致的破坏的问题。集成电路芯片封装是指利用膜技术及微细加工技术，将芯片及其他要素在框架或基板上布置、粘贴固定及连接，引出接线端子并通过可塑性绝缘介质灌封固定，构成整体立体结构的工艺。这样按电子设备整机要求机型连接和装配，实现电子的、物理的功能，使之转变为适用于整机或系统的形式，就大大加速了集成电路工艺的发展。

1967年，也就是金翔龙第二次被关进"牛棚"的那一年，大规模集成电路在美国诞生了。随后，集成电路进入了一个飞速发展的10年，到1977年，超大规模集成电路面世，一个硅晶片中已经可以集成15万个以上的晶体管；1988年，16M DRAM问世，1平方厘米大小的硅片上集成有3 500万个晶体管，标志着进入超大规模集成电路（VLSI）阶段；1997年，300 MHz奔腾Ⅱ问世，采用0.25微米工艺，奔腾系列芯片的推出让计算机的发展如虎添翼，发展速度让人惊叹，至此，超大规模集成电路的发展又到了一个新的高度。

"开启了一个时代"，当时光步入21世纪的时候，全球舆论这样回顾和评价集成电路技术及其产业，人们已经无法想象任何一个产业领域在没有集成电路的情况下如何运作。事实上，中国科技界也很早就意识到了集成电路的重要性。中国的集成电路产业起步于20世纪60年代中期，仅仅比美国人晚7年时间就制造出第一块国产集成电路，在1978年前，我国以计算机和军工配套为目标，以开发逻辑电路为主要产品，初步建立集成电路工业基础及相关设备、仪器、材料的配套条件。金翔龙在西安石油仪器仪表厂看到的相关工业探索，也就是这段时间中国科技人员排除"文革"干扰、努力追赶世界潮流的艰苦努力的重要组成部分。

来自国外的科技资料和西安的实践，让金翔龙深刻地感受到半导体和集成电路的重要性，他预感到未来的海洋地质学科发展也必然借助于集成电路的运用和数字化，可以想见，未来的海洋地质勘探仪器必然是计算机操控的、更加精密的数字化设备，这就需要使用者深刻地理解这场集成电路革命及其内在规律，而这就要求金翔龙这样的"外行"从头学习计算机领域所必需的数理逻辑以及物理方面的知识。在此前的海洋石油勘探的进程中，他的确积累了一定的物理和数学知识基础，但这些远远不够，他需要从头学起。

这是一段黑暗中的摸索。此时青岛的冬天积雪厚重。金翔龙每天接受监督劳动，需要上街清扫积雪，这是一项极其耗费体力的工作，年近40的金翔龙常常在凛冽寒风中干得浑身大汗，有时甚至不得不赤膊操作，即使只是喝口水的间隙，也会被拉去批斗。有一次，批斗是如此激烈，以至于他的尾椎第三节破裂，给他的腿造成了不可逆的神经损伤。但黑暗中也有烛光闪耀，给他带来向光明迈进的信心。"牛棚"内有以前的老领导和老革命托人辗转传出话来，希望走出"牛棚"的金翔龙不要放弃自己的专业，他们和金翔龙一样，坚信这个国家仍然会有一个光明的未来。

学习的困难，首先来自于资料的匮乏。他的书籍和积累的学术资料已经散落殆尽，单位的图书馆也无法使用。他从旧书摊里淘来了一批逻辑数学教材，开始从头复习代数知识。他临时居住的地方甚至没有供电，有人存心不想让他看书，用钳子剪坏了他房间里的电线，甚至把开关拉线也彻底弄掉了。金翔龙找了一个玻璃瓶子，在里面灌入沙子插上灯泡、接好电源和开关，做成了一个简陋的小台灯。夜深人静的时候，这盏台灯就会拉亮，将光明带回到金翔龙的心里。

在恶补数学基础的同时，另一个主攻方向就是英语。金翔龙已经意识到中国开展新一轮国际性科技合作的潜在可能。在海外关系都会给一个人招来灭顶之灾的年代，这是一个极其富有预见性、也是非常大胆的判断。金翔龙相信，中国必然将向西方世界特别是在先进科技领域寻求合作机会，届时英语将取代俄语成为最主要的交流语言。他也相信自己的读写能力，可是受传统学习方式影响，他又是典型的"哑巴英语"，听力与口语的锻炼至关重要。

为了实现这个目标，金翔龙自己动手，将一台电子管短波收音机进行了改装。他在收音机后面安装了一个可以插耳机的接口,一旦插上耳机,喇叭就不响,拔下耳机来喇叭功能才能恢复正常。这台短波收音机经过调试可以收听到"敌台"美国之音。于是,顶着"反革命"大帽子的金翔龙每天早起的第一件事就是插上耳机收听英文广播,同时警惕着周围的任何风吹草动。

就这样,他在艰难困苦之中慢慢恢复了业务能力。等到1979年至1980年间中国科学院组团去美国考察和接收一套大型计算机装备时,金翔龙的英语口语能力起到了至关重要的作用,那时人们才知道他竟然是在"文革"最动乱的时期开启的英语学习之路。

在摸索学习的过程中,国内政治形势的微妙变化也逐步让金翔龙的工作空间有所松动。1969年中,上级部门找到金翔龙,提出让他进行北黄海区域的海底调查,为摸清渤海、黄海的海洋环境提供素材。尽管顶着"反革命"的大帽子,但是金翔龙仍然是这项任务的不二人选。在交谈中他暗自决定,利用这次机会为新一轮的海底石油勘探做技术准备。金翔龙需要接手的,是北黄海的一个空白区域。在过往的海洋调查中,多数人认为这里不具备储油条件;更致命的是,他一手打造的中国海洋地质调查团队此时已经分崩离析,所有的实验环境和装备乃至数据资料也几乎损失殆尽,用原有的方法和路径完成任务,已经成了完全无法实现的奢望。

金翔龙决定转型。他决定放弃已经运用纯熟的地震方法,改用全新的地磁方法。这一转变并不是完全凭空而发——早在1960年，他就萌发过设计和研发剖面仪的思想。更重要的是，在学习和追踪国际先进技术的过程中，他已经开始有了系统论的初步构想，在他看来，从地震转向地磁无疑将为日后更好地运用系统论方法解决中国海洋地质学科的深层次问题奠定良好的基础。

1972年，金翔龙参与研制的海底静力触探仪和浅层剖面仪研制成功并形成了仪器产品，这些装备很快通过了海上试验，它们的投入使用，为我国首台半潜式钻井平台在渤海"沙七井"的使用提供了关键性的海底浅层结构及工程力学性质参数。

随着"文革"的步入尾声，金翔龙逐渐告别了海洋石油勘探领域，研究方向逐渐从海洋能源开发向海洋地质和地球物理学转变。

但他仍然对全球海洋能源领域的新变化、新动向、新趋势保持着敏锐的关注。他认为，作为能源大国，中国不应在能源领域特别是任何可能产生"颠覆性影响"的重大发现上缺失话语权。在牵涉能源开采和开发的相关研究中提前布局、储备技术、保持主动，不仅对于中国的经济发展具有重要意义，对于保障国家整体安全也同样至关重要。

因此，时隔20多年，在进入21世纪后，他又将目光投向了天然气水合物的勘探与开发，从而在中国乃至全球的海洋能源开发领域带来了新的变化。

在2000年撰写发表的论文《天然气水合物及其潜在的能源和环境效应》中，金翔龙等人认为，尽管我国的天然气水合物研究刚刚起步，但初步的研究表明，我国的南海深水区、东海的冲绳海槽等地区的水深、地温场、沉积物类型、有机质分布等条件均有利于天然气水合物的形成和稳定分布，且部分地区已经见到了天然气水合物存在的地震标志——拟海底反射，表明我国海域有广阔的天然气水合物资源前景；另外，青藏高原的部分冻土区也可能蕴藏有天然气水合物，因此，开展天然气水合物研究和勘查，尽快查清我国的天然气水合物资源及其分布特点，对制定长远能源发展计划具有重要意义。

1999年金翔龙主持天然气水合物科学研讨会

第六章 淬火复出

2001年2月27日至3月1日,在金翔龙和戴金星的主持下,来自国家海洋局、中国科学院、中国石油天然气总公司、中国海洋石油总公司、中国石化股份有限公司、国土资源部及全国高校的22家单位的35位专家学者汇集北京香山,召开了主题为"天然气水合物研究现状及我国的对策"的香山科学会议第160次学术讨论会。围绕天然气水合物形成机制的前沿科学问题、天然气水合物的相关技术、我国天然气水合物的资源前景及应采取的对策、天然气水合物的环境效应等4个中心议题进行了广泛深入的交流和讨论。

在这次大会上,已经是中国工程院院士的金翔龙首先作了题为"天然气水合物的研究现状和未来展望"的综述报告,从天然气水合物的组成、结构以及研究现状和发展前景等方面进行了全面的回顾和展望。戴金星院士作了题为"天然气水合物的能源潜力及其战略意义"的综述报告,侧重从科技攻关对天然气工业的重大推动作用角度,强调指出国家组织天然气水合物研究的必要性。

围绕会议4个中心议题,欧阳自远院士、周蒂研究员、王先彬研究员、汪品先院士分别做了题为"天然气水合物形成机制的前沿科学问题"、"海洋中天然气水合物资源研究的地质和地球化学技术"、"我国天然气水合物资源前景及应采取的策略"和"天然气水合物的环境效应"的评述报告。

也就是在这次会议上，中国科学家们注意到，美国于1999年6月制定了"美国甲烷水合物多年研究发展项目计划"，旨在为美国2015年进行天然气水合物商业性生产提供必需的科学知识与成果；日本和印度出于资源短缺的严峻压力和对新能源的巨大期望，于1995年分别提出"气体水合物研究发展5年计划"和"国家勘探开发（1995—1999）计划"；德国则于2000年3月正式推出未来15年大型地学研究计划，其中"气体水合物：能源载体和气候因素研究项目"被列入该计划。

在这次会议上，中国的科学工作者们在许多方面取得了重要共识。他们一致认为天然气水合物的资源前景良好，是一种潜在的清洁能源，在未来能源结构中具有重要的战略位置，而且天然气水合物是全球气候变化的潜在影响因素，对海底的稳定性也是一个重要的威胁因素，所以天然气水合物的研究非常必要，也非常紧迫。但目前资源勘探及评价方法尚未突破，还面临大量亟待解决的问题，如天然气水合物的形成机理及时空分布，天然气水合物的分解条件及环境效应和天然气水合物的未来资源潜力及替代性等。因此开发利用天然气水合物资源是一项系统的科学研究和技术发展工程，天然气水合物作为能源载体和气候因子两个方向应当成为研究的切入点。现有研究表明：我国东海陆坡，南海北部陆坡，台湾东北和东南海域，冲绳海槽，东沙和南沙海槽等海域均有天然气水合物产出的良好地质条件。我国几十年来油气勘探开发积累的经验和大量资源可供借鉴和利用，已有的雄厚科研力量较易转向天然气水合物研究，天然气水合物的最终利用形式为天然气（主要是甲烷），其利用技术和贮运等下游工程目前均已具备。

会议认为，天然气水合物作为未来接替能源在我国社会经济发展，生态环境协调，能源结构优化和国家安全等层面将产生正面的重大战略影响，天然气水合物研究与开发无疑是一个极具前瞻性和战略性的重大课题，应尽快进入决策部门的视野，纳入国家的发展战略格局；应尽快查明中国天然气水合物的分布和资源潜力，了解我国自身家底。开展相关的基础性研究，发展相关的技术方法，做好理论和技术知识储备，并积极开展研究天然气水合物影响全球气候和造成海底灾害的环境效应等重要工作，对于制定国家未来能源战略具有重要意义。

香山会议建议，尽快确立天然气水合物计划总框架的国家目标和科学目标十分重要。国家天然气水合物研究与开发计划总框架的国家目标应为：维护国家海洋权益，促进国民经济增长，确保国家能源安全，保障人类生存环境。国家天然气水合物研究与开发计划总框架的科学目标应包括：①建立天然气水合物基础理论体系；②建立中国天然气水合物资源评价体系；③开发天然气水合物勘查、识别技术；④定量评价天然气水合物在全球碳循环和全球气候变化中的应用；⑤发展商业生产天然气水合物的技术与工艺；⑥发展天然气水合物安全生产的工程技术和海洋灾害预警与防治技术体系。

香山会议之后，中国的天然气水合物研究步入了前所未有的快车道。在金翔龙的带领下，中国海洋科学工作者先后发表了《利用地震反射法评价海底天然气水合物资源》《Character analysis of gas hydrate stability zone in seabed》《天然气水合物分解与全球变暖》《天然气水合物的勘探与开发技术》《冲绳海槽天然气水合物BSR的地震研究》和《海底天然气水合物相平衡的影响因素》等一批重要学术研究成果，使得中国的天然气水合物研究步入全球前列。如今，在金翔龙的带领和协调下，中德两国正以天然气水合物研究为突破口，探索二氧化碳和甲烷的捕捉与储存问题。两国科学家为了遏制全球变暖，正在探索如何将二氧化碳捕捉后储存在废弃的海洋石油油井里，一批年轻的海洋学者正在全身心地投入其中，在未知的领域里摸索前行。

"过去人类将地球分成有机和无机两个组成部分，并且认为只有有机才意味着生命，现在，人们已经有了新的认知，在盖亚理论框架下，无机也被认为是有生命的。我们的年轻人正在琢磨这些课题。有人认为这是胡闹，但我不这么想，我支持他们的工作，科学是没有禁地的，他们就是要从不可能中闯出一条新路来。"金翔龙说。

第七章
迈出国门

1978年,中国迎来了辞旧迎新的时刻。

在此之前的两年中,尽管执行极"左"路线的"四人帮"已经被打倒,但党和国家的运转路线并没有彻底摆脱极"左"思潮的干扰,错误的意识形态观念也仍然妨碍着中国科学工作者们追赶世界先进水平的步伐。

但当这一个马年到来的时候,科学家们的时间又开始了,整个中国的时间也开始了。

3月18日至31日,乍暖还寒的北京,全国科学大会隆重举行。数千名科学工作者汇聚一堂,第一次全面讨论在20世纪末实现四个现代化的奋斗目标。而在此之前的一年筹备过程中,全国迅速形成了大办科学的热潮。许多省市和国务院的部委都是第一书记亲自抓,省市委、部委专门讨论科技工作,并召开一万、几万、几十万,甚至一二百万人的动员大会和广播大会,发动广大群众迎接全国科学大会的召开。

在3月18日下午举行的大会开幕式上,邓小平出现了。他阐述了"科学技术是生产力"的著名论断,指出新中国的知识分子是工人阶级的一部分,摘掉了长期加在知识分子头上的"资产阶级知识分子"帽子,为我国科技发展扫清了障碍。以后的日子里,中国还将"科技是第一生产力"写入中小学教材之中,以最鲜明的态度体现对科学的尊崇。

就在这次大会上,邓小平指出中国在许多方面落后于世界水平15到20年,但他同时用洪亮的声音说:"独立自主不是闭关自守,自力更生不是盲目排外。科学技术是人类共同创造的财富。任何一个民族、一个国家,都需要学习别的民族、别的国家的长处,学习人家的先进科学技术。我们不仅因为今天科学技术落后,需要努力向外国学习,即使我们的科学技术赶上了世界先进水平,也还要学习人家的长处。"

中国的科技工作队伍心潮澎湃,很多人激动得不能自已。大会提出了雄心勃勃的科学发展计划,确定了108个项目作为全国科技研究攻关的重点,而其目的就是"到本世纪末赶上或者超过世界水平"。

大会闭幕前,中国科学院院长郭沫若向大会发表了书面讲话《科学的春天》。他用诗人的语言代表中国科技工作者们骄傲宣布:"我们民族历史上最灿烂的科学的春天到来了。"9个月后，具有转折意义的中国共产党十一届三中全会召开了。这次会议的中心议题就是"把全党工作重点转移到社会主义现代化建设上来"，与此相关，全会决定停止使用"以阶级斗争为纲"和"在无产阶级专政下继续革命"的口号，重新确立了党的组织路线，审查和解决了历史上的一大批冤假错案和一些重要领导人的功过是非问题，中国真正进入到了改革开放的年代，重新回到了世界竞逐的大舞台上。

中国的国门第一次向西方世界打开了。当年12月26日晚，第一批赴美留学的访问学者在夜色中乘机离开北京，他们中年龄最小的32岁，最大的49岁，学期两年。国务院副总理方毅在出发前专门接见了他们，全国科协主席周培源和教育部副部长李琦亲自到机场送行。中国新一轮海外留学热潮由此拉开大幕，在接下来的20多年里，年均有超过2万人出国求学。

就在这一年，已经在中国科学院海洋研究所完全恢复工作的金翔龙也遇到了人生一个重要的窗口：参加所里组织的考察团，赴国外进行海洋科学考察船考察。在"文革"结束后的短短几年中，科学考察船的短缺和技术水平的落后，已经成为我国海洋开发事业最严重的桎梏之一，中国渴求新科学考察船的登台亮相。

事实上，鉴于科学考察船在海洋研究中的重要作用，世界各国一直将海洋科学考察船的建设视为海洋科学发展的一个重要举措。20世纪80年代中期以来，现代海洋科学的发展对海洋科学考察船提出了新的要求。在21世纪之初，世界上拥有海洋科学考察船的国家总数达到了49个，总数量超过500艘。其中，从20世纪80年代中期开始，美国政府每年都投巨资用于海洋科学考察，以保持其全球海洋的霸主地位，这也使得美国现拥有世界上装备最先进、船只数量最多的海洋科学考察船队。以伍兹霍尔海洋研究所（Woods Hole Oceanographic Institution）为例，该所已拥有4艘海洋科学考察船，能够在全球范围内执行海洋科学综合考察任务，其中2艘考察船"ATLANTIS"号和"KNORR"号可搭载载人深潜器。该所还有可载3人的4 500米水深级载人深潜器"DSF ALVIN"1艘，拥有6 000米和6 500米无人深潜器3艘。

欧洲一直是全球海洋科学研究的重要力量。法国海洋研究与开发中心（IFREMER）拥有7艘海洋科学考察船，其中4艘能够执行远洋科学考察任务。另外还拥有载人深潜器2艘、遥控深潜器3艘，最大探测深度可达6 000米。英国在拥有"CHARLE SDARWIN"号等两艘海洋科学综合考察船之后，还新建成了1艘5 000吨级的"JAMES COOK"号海洋科学综合考察船，该船于2006年夏季下水。

日本自20世纪60至70年代开始重视海洋科学考察船的作用，先后建造了多种型号的海洋科学考察船，目前已经跻身世界先进海洋科学考察船国家的行列。除"昭洋"级、"天洋"级、"滨潮"级、"拓洋"级、"白濑"级科学考察船之外，1989年建成一艘3 987吨的白凤丸，并成功开发了深海潜水考察船"新界6500"，1997年3月建成一艘国际先进的4 628吨深海调查船"KAIREI"，该船装备遥控深潜机器人"ROV"、多道地震等多种先进调查设备，为进一步增强海底特别是深海海底的探测和调查能力，2007年排水量高达57 087吨的大型大洋钻探船"地球"号（CHIKYU）投入使用，该船舯部安装一座巨大钻井架，可在2 500米的深海进行钻探考察，钻探深度达7 000米，是目前世界最大的海洋科学考察船。[①]

而在20世纪70年代末、80年代初，中国最好的海洋科学考察船仍是由上海沪东造船厂建造的3 000吨级"实践"号，它1967年下水，1968年入伍；以及1973年6月出厂，千吨级以下的"曙光四"号和"曙光五"号。而其后一年美国改建的"格洛玛·勘探者"号科学考察船排水量已经达到3.5万吨，专门用于深海钻探工作。而就在中国筹划开建新的海洋科考船的同时，发达国家和海洋大国已经在酝酿以计算机为主导、以数字化为方向的海洋科考工具的巨大变革，汇聚了多重装备的海洋科考船更是被放在了头等重要的位置。在这一背景下，中国确实需要一艘全新的海洋科学考察船，但问题在于，不可能在依赖进口技术的道路上一直走下去，人们迫切希望在引进技术的同时，完成消化、吸收和再创新，让这些技术和装备真正"为我所用"。

[①] 全球海洋科考船相关内容引自《海洋科学考察船的现状与发展趋势》，作者张骊英、张兆德。

作为中国科学院海洋研究所的负责人，曾呈奎找来了金翔龙，希望他发挥多年积累的海洋地质科考经验，为筹划中的"科学一号"提出切实可行、让装备引进与技术引进同步发展的考察方案与谈判计划。

有人对曾呈奎的想法提出了异议，他们认为，金翔龙从没出过国，不具备对外沟通的能力和资格。曾呈奎为此找来金翔龙，直截了当地问他："要和日本人、美国人谈判，你行不行？"

"我没谈过。"

"英语行吗？"

"一直没搁下。"

"好，你来当考察团的秘书，所有电报你先起草，完了拿给我看，改完再发。"说完，曾呈奎把相关文件资料递给金翔龙，让他立刻就去起草。

金翔龙转身回到办公室开始起草谈判电报，很快他就发现难度要超过自己的想象：由于大量的设备和技术都需要使用英文缩写，不论是外方提供的资料还是中方翻译的文件看上去都如同天书一般。他搬来厚厚的工具书开始一个字一个字地核对、摹写，草拟了第一份电报。拿去给曾呈奎看的时候，他心里也少有地打起了小鼓。

曾呈奎也丝毫不留情面，飞笔涂抹起来，一份电文纸被改成

第七章　迈出国门

了大花脸，90%的内容都被重写了。拿到定稿的金翔龙同时也领回了第二份电报稿的起草任务。这次的稿件虽然仍然被删改了大半，但比第一稿要好了很多。几次反复之后，曾呈奎就放手让金翔龙负责中国科学院海洋研究所与外部的全部联络工作，而良好的沟通效果也让一些不协调的声音彻底沉寂了下去。

1979年，在细致筹备之后，金翔龙和考察团一起登上了经日本中转的赴美班机。这是他1957年被中止赴苏联留学之后，第一次出国考察。平反、"摘帽"，在这一刻才真正变成现实，这意味着多年来重压在心上的石头已经被掀掉，套在头上的"紧箍咒"已经解脱，但一些阴暗角落里也传出了这样的声音："老金这下子可就控制不住了！"

金翔龙把这些闲言碎语都彻底抛在了身后。他的目光已经投向了远在大洋彼岸的美国，也投向了中国海洋事业的广阔未来。这是一次从美国西海岸到东海岸的漫长旅程，也是中美海洋地质学界的一次空前碰撞。金翔龙和考察团从东京中转后飞抵纽约，随后前往城市以北约30千米的哈得孙河畔，哥伦比亚大学拉蒙特-多尔蒂地质研究所（Lamont-Doherty Geological Observatory）就位于这里的帕利塞德小镇。该所的前身是拉蒙特地质研究所，于1949年由哥伦比亚大学地质系教授威廉·莫里斯·尤因所创建。当时，尤因教授领导的小组为了进行地震学和海洋地球物理学研究，需要选择噪声和振动少的地点建所。这里幽静的森林为科学

强海国士
中国工程院院士金翔龙传记

1979年于日本考察期间在广岛原子弹爆炸遗址前合影
（后排左四为金翔龙，前排左四为曾呈奎）

家们提供了理想的工作环境。经过数以百计的海洋科学工作者的持续努力，拉蒙特-多尔蒂地质研究所迅速成为收集世界最多的深海和海洋沉积物以及全球最全面的地震学和海洋地理学数据的科研"圣地"，被视为全球海洋地质和地球物理学科领域的最顶尖研究机构，几乎参加了全球所有重要的海洋钻探、海底探测和海底物质化学数据收集等项目。这里使用的工具包括高温高压实验仪器和设施，如质谱仪、等离子和固体源光谱仪、电子微探针、扫描电子显微镜和X-射线衍射仪等，常年有超过200名研究人员对自然世界的起源、进化和未来进行探索，研究的领域还包括全球气候变化、地震、火山和可再生资源等。

在中国考察团抵达的时候，拉蒙特-多尔蒂地质研究所的创办人威廉·莫里斯·尤因已经辞世。这位闻名全球的地球物理学家将地震技术应用到洋底研究中，在大洋地壳的结构和厚度、大洋中脊、深海平原、海底沉积物和浊流等方面都有重要贡献。第二次世界大战期间，他研究声在水下的长距离传播，为美国海军建立起一套供水下长距离监听、侦测用的声学定位与测距系统。他不仅使拉蒙特-多尔蒂地质研究所成为世界上研究海底的第一流研究所，还发展、改进了海洋仪器和地球物理观测系统，组织了大西洋、太平洋南部和印度洋的海洋地质与地球物理调查，建立了全球性地震监测系统；他还和B.C.希曾一起发现洋底存在全球性的大洋中脊；提出地震活动与中脊裂谷有关以及洋底扩张具全球规模和幕次性等论点。

  金翔龙对尤因的生平成就抱有强烈的崇敬之情，他在此前的工作中也曾多次涉及尤因曾主导探索过的领域。他向拉蒙特研究所的工作人员打听这位学者的详细情况，得知尤因的弟弟约翰·尤因也在所里工作，不由得满怀欣喜。他请研究所帮忙安排，专门去拜会了约翰·尤因一次；拉蒙特研究所当时的负责人是一位印度籍学者，方向是重力领域，他也热情接待了中国考察团。在拉蒙特，金翔龙获得了自己想要的关键性学术资料，为中国的声学领域的发展提供了极大助益。

1979年中国海洋科学考察团在美国纽约联合国大厅留影
（前排左三为金翔龙，左四为曾呈奎）

第七章 迈出国门

离开拉蒙特研究所后，考察团奔赴位于长岛的伍兹霍尔海洋研究所。这所位于美国西海岸马萨诸塞州的综合性海洋科学研究机构，是世界上最大的私立的、非营利性质的海洋工程教育研究机构，其前身是1888年在伍兹霍尔建立的海洋生物研究所，1927年由美国科学院海洋学委员会开始筹建海洋研究所并于1930年成立。在第二次世界大战期间，这里大量接受美国海军任务，研究力量迅速增强，第二次世界大战结束后则由美国国家科学基金会和海军研究署资助。该所设有海洋生物学、海洋化学、海洋地质学和地球物理学、物理海洋学以及海洋工程5个研究室，拥有4个大型实验室、4艘研究船、"阿尔文"号潜水器、电子显微镜中心和计算中心等。

1957年以后，伍兹霍尔海洋研究所积极参与国际印度洋考察、国际海洋考察十年等国际海洋科学活动，研究课题广泛，涉及海洋基础学科和海洋工程各个方面。在海洋生物研究，北大西洋洋流、墨西哥湾流与西部边界流以及大涡旋的研究，深海大环流模拟等方面取得了重大成果。该所研究船队年总航程10万海里左右。出版物有技术报告、论文汇编以及季刊《海洋》等。1977年，也就是金翔龙他们抵达前两年，这里迎来了历史最辉煌的发展时期之一，每年的研究经费高达2 400万美元，大批新建筑、新船只、新潜艇投入使用，大规模的研究生培养计划和海事政策计划也已经全面执行，从而让全所的科研实力再度得到大幅提升。

1979年在美国伍兹霍尔海洋研究所考察船上（前排左四为金翔龙）

  正处于"蜜月期"的中美关系让中国考察团的到来在伍兹霍尔海洋研究所掀起了一股"红色中国旋风"，在海洋领域执牛耳的美国专家们拿出了最高规格欢迎中国考察团。年过八旬的海洋所行政事务负责人亲自开车将他们接进了同样位于森林深处的研究基地，白发苍苍的老太太仍然工作在一线这事让金翔龙吃了一惊。在伍兹霍尔,中美两国海洋工作者进行了坦诚的交流,几乎压倒性的技术和设备优势令中国方面大开眼界。在正式交流结束后,美方人员还热情邀请中方人员到他们的私人住所里会餐,金翔龙作为考察团里的"年轻人",也被自然而然地派到了一位年轻研究人员的家里,这家领养了一个韩国籍小女孩。在木制小屋中,他们喝啤酒、侃大山,宾主气氛融洽。

在和伍兹霍尔海洋研究所的交流中,中方首次全面了解了全球海洋地质和地球物理科考活动的组织模式和运作机制,也为后来中美持续的海洋科学交流打下了坚实基础。时至今日,我国的国家海洋局相关研究所都一直和伍兹霍尔海洋研究所保持密切的合作关系,大批中国学者在金翔龙之后来到这里研究、深造,并且展开了一系列的联合科考行动,成为中美学术合作的一段佳话。

1979年在美国伍兹霍尔海洋研究所码头旁(右二为金翔龙)

在离开东海岸后，中国考察团一行抵达得克萨斯州第一大城市休斯敦。作为此次访美考察的重中之重，中国人要在这里拍板决定给正在筹划建造中的海洋科考船配备怎样的现代化装备。

休斯敦，全美第四大城市、墨西哥湾沿岸最大的经济中心。这里以太空城著称，也是美国能源产业特别是石油业重镇。这里的日炼油能力超过300万桶，占全美国的五分之一。这里还生产着全美近40%的聚乙烯和60%的聚丙烯，由此而来的结果就是一批全球著名的地质勘探设备制造企业都将总部设在这里，使得休斯敦成为全球地球物理学仪器设备生产研发的重镇。

考察团的第一站是著名的西方地球物理公司，这家企业在2000年被全球知名的地球物理勘探公司斯伦贝谢进行整合重组，更名为西方奇科公司，仍然在全球的地球物理勘探市场上具有领先地位，为工业界的油气勘探、油田开发以及油藏监控提供综合性的油藏服务。斯伦贝谢-西方奇科休斯敦研发

1979年金翔龙在美国西部公司观察地震漂浮电缆（Streamer）

第七章 迈出国门

中心研究成果很大程度上反映了世界地球物理的前沿和发展方向。

吸引中国考察团选择西方地球物理公司作为首站的另一个重要因素，则是亚蒙·哈默——美国西方石油公司的董事长，也是西部地球物理公司的创始人。在美国，哈默是点石成金的万能富豪，而在苏联和中国，他却是家喻户晓的"红色资本家"，

1979年金翔龙在美国休斯敦考察地震漂浮电缆水听器

因为他是第一个与"十月革命"后的苏联合作的西方企业家，被列宁亲切地称为"哈默同志"；1979年5月，应邓小平同志的邀请，81岁的哈默成为第一个乘坐私人飞机访问中国的西方企业家。此后，西方石油公司与中国政府签订了一系列经济合作协议。其中，年产1 533万吨原煤的山西平朔安太堡露天煤矿，是哈默博士与我国合作的最大项目，也是当时中国最大的中外合资企业。

金翔龙在出国考察前就听说了有关哈默和西方石油公司的故

事，有关"哈默和西方石油公司拥有全球矿产资源分布详细勘探数据"的传闻更令他对这位"资本主义大亨"及西方地球物理公司产生了浓厚的兴趣。但不凑巧的是，当他们抵达时哈默并不在休斯敦，无缘相见。美方人员则带领他们去看中国需求迫切的可控震源车。这是利用机械连续震动激发产生地震波，利用相关技术，使连续震动信号变为脉冲信号，从而获得地下各层的反射，通过资料的采集、处理和解释而获取地质构造、物理特性的勘探手段的特种车辆，车载装置使其成为进行VSP（垂直地震剖面法勘探技术）施工和将传统地震勘探在公路上施工的理想工具，是用于浅层工程地质勘探的高分辨率、高效率的环保型勘探设备。在中国考察团一行参观的时候，中国石油天然气集团公司已经在这里订购了一批此类车辆，装备了适用于沙漠地区的超大型轮胎。企业人员向金翔龙等介绍说，美国政府此前也向西部地球物理公司订购了大批此类车辆，共组成了10支车队，对北美区域的美国国土进行了详细的地下声学勘测，彻底弄清了北美地区的地下深部结构，这让金翔龙非常羡慕。在得知中方的浓厚兴趣后，美方破例答应将可控震源车的运作原理和部分勘探成果以视频资料的方式提供给考察团。

接下来中国考察团行前往另一家知名地球物理设备研制企业德州仪器（TI），它是世界上最大的模拟电路技术部件制造商、全球领先的半导体跨国公司，以开发、制造、销售半导体和计算机技术闻名于世，主要从事创新型数字信号处理与模拟电路方面的研究、制造和销售。除半导体业务外，还提供包括传感与控制、教育产品和数字光源处理解决方案。在这里，金翔龙看到了最新型的数字化地震仪，这让他感慨万千，想起了20多年前自己下海初期、为了那个仿苏制国产地震仪在北京奔走求告的艰辛历程。不怕不识货，就怕货比货，金翔龙一眼就相中了刚研制成功不久的DFS-Ⅴ数字地震仪。这是一款以性能稳定、指标先进著称的全球"爆款"产品，最终累计生产1 400余套，是早期数字地震仪中最普及的一种型号。根据金翔龙的建议，中方决定采购这套设备。20世纪80年代，我国企业又引进了DFS-Ⅴ生产线并更改了型号，生产100余套，成为我国20世纪九十年代地震勘探主力机型。

在休斯敦，中国考察团一行还参观了多家关联企业，包括著名的博尔特空气枪以及一些电缆、遥测设备企业。在这一过程中，他不止一次受到强烈震撼，想起了当年手工制作"竹筒电缆""炸药震源"的海洋地质调查初创阶段，而美国同行则从那时起就已经拥有强有力的专业设备并一直保持领先优势。以气枪为例，美国企业研发的高性能气枪压力达到了120个大气压，在金翔龙看来，无论采用什么样的"土办法"改造，都不可能让手抛雷管达到同样的技术水平。强烈的反差刺激着金翔龙的心，让他确定了推动中国海洋地质和地球物理产业发展、将科研与市场紧密结合、促进相关产业的"中国制造"崛起，并使之成为中国海洋经济和重大装备制造有机组成部分的坚定信念。只有拥有独立自主、高效强大的装备制造工业，中国海洋科研事业才能真正迈入自由发展的新天地。

结束休斯敦的考察后，金翔龙从美国中部抵达洛杉矶。在这里，他第一次看到了后来被GPS所取代的子午仪卫星导航系统（Transit Navigation Satellite System）。这是一套由美国海军主导研发完成的全球、全天候卫星导航定位系统，又称海军卫星导航系统。1964年研制成功并投入使用，1967年开始进入民用领域。这种系统利用地面用户设备接收"子午仪"号卫星通过视界期间所发出的信号，就能获得用户的准确位置。但由于该系统卫星数目较小（5~6颗），运行高度较低（平均1 000千米），从地面站观测到卫星的时间间隔较长（平均1.5小时），因而它无法提供连续的实时三维导航，而且精度较低。为满足军事部门和民用部门对连续实时和三维导航的迫切要求，1973年美国国防部制订了GPS计划。

在金翔龙的印象中，子午仪是一套"很不好用"的卫星导航系统，导航定位必须等卫星升到与地平面形成15度以上夹角时才可以进行，而更新的GPS系统当时正在开发之中。尽管如此，"卫星定位"这一概念还是深深打动了金翔龙，他向美方提出希望能够出海测试和体验一下。美方答应了这一要求。在出海过程中，金翔龙第一次通过卫星电话和北京取得了联系，也完成了一次导航试验，这些国内闻所未闻的新鲜事物给金翔龙留下了极其深刻的印象，他开始考虑是否应当用更加完善的、系统性的方法来解决中国海洋科考船所必须面对的通讯难题，通过将定位、信号识别、传输等包含在一个系统之内，进而大幅提升海洋科考船的可操控性，为科学实验和勘探提供良好的平台基础。

离开洛杉矶后，中国考察团一行前往拉霍亚的斯克里普斯海洋学研究所进行考察，这里也是具有与伍兹霍尔海洋研究所齐名的研究机构的海洋研究重镇。和后者相比，这里的军方色彩更加浓厚，有着全世界独一无二的浮式仪器平台（Floating Instrument Platform，简称FLIP）的美国海军浮动观测平台，由斯克里普斯海洋学研究所海洋物理实验室进行操作。这是一艘长355英尺（108米）的船只，且船身被设计成能够与水面形成直角。工作时，全长91米的船尾会进入水中，水面以上是长为17米的船首，水密隔舱会变成甲板。垂直状态时船体更加稳定，可收集准确的海浪数据。

FLIP从水平转换为垂直状态的过程给金翔龙留下了十分深刻的印象。美方介绍说，无论是在浅海，还是在深度达到3 600多米的深海区，浮式仪器平台都可以同样出色地完成考察任务。在遭遇9米高的海浪时，浮式仪器平台在垂直方向上只出现0.9米的移动，堪称人造海洋奇观。

在斯克里普斯海洋学研究所，金翔龙除了认识大名鼎鼎的

FLIP，还结识了一位好友李昭兴。这位从台北大学毕业、后赴美求学深造的海洋学家日后返台担任了台湾海洋大学的应用地球科学研究所所长一职。在此后的漫长岁月里，双方一直保持学术和私人交往。在斯克里普斯，金翔龙还通过中间人向当时的所长、美国总统科学顾问提出了有关中美合作进行海底科考的建议，但未获答复。而事实上，在"科学一号"海洋科学考察船建造完成后，这位所长和顾问又来中国访问，看到现代化的"科学一号"考察船后，这次轮到他主动向金翔龙提出建议，希望美中合作进行海洋科考——这种"前倨而后恭"的转变让金翔龙感慨不已。

在斯克里普斯结束访问后，金翔龙开车沿着加利福尼亚海岸线一路北上，试图追踪圣安地列斯大断裂。加州海岸公路就贴着这条断裂前行。最终中国考察团一行驶抵旧金山，随后前往斯坦福大学，考察了当地一家企业生产的地磁仪。此后他们离开美国本土飞抵夏威夷，当地的水产养殖和地热开发给金翔龙留下了深刻印象，也为以后其学术领域的拓宽提供了帮助。

告别夏威夷，金翔龙的第一次出国考察结束了。收获是丰厚的，但失望也是明显的——出发前金翔龙被交代了两项重要的秘密任务：为国内采购亟须的、涉及军民两用的重力仪和惯导系统两大设备，但尽管一再尝试联络沟通，但由于当时美国仍然对"红色中国"心存忌惮，这两项任务均未能完成，这让金翔龙感到有些失望。

第七章 迈出国门

1979年中国海洋科学考察团在美国旧金山留影（左三为金翔龙）

回到青岛之后，金翔龙得知国家有关部门已经和美国方面签订了一项合同，准备从美国进口一艘海洋科考船。他一听就急了，找到曾呈奎和童第周，强烈建议由中国自主研制、建造一条新的海洋科考船。他向中国科学院领导说，落后不可怕，要知难而进；他向各方痛陈利弊，指出现有合同存在很多不合理的地方。他前往北京，在国家计划委员会、中国科学院、进出口公司之间往返奔波，送材料，打报告，汇报，申辩，谈判，有时一连几个通宵地工作，累得筋疲力尽，有一次不慎从楼梯上摔了下来，双腿竟连挪动的气力都没有了。

他如此奋战，都是为了他的计划——以系统工程的思想设计组构当时最先进的海洋地球物理研究系统。在汲取了海外考察的丰富经验基础上，他形成了自己的全新构想："科学一号"将是包括一艘三级计算机控制管理数据采集的现代化地球物理调查船，而在船只建设的过程中，一系列陆基实验室与大规模数据处理基地也将陆续建设完成，最终形成陆海相配合的全新海洋科考体系。

他的构想和实施得到了中央有关部委领导、科学院领导的支持。用中国企业设计制造船体、从国外引进仪器装备、在此过程中将一批中方人员送到全球顶级的研究机构进行全面培训——这些想法都让决策层感到耳目一新。在寻找建设单位的过程中，沪东造船厂最初只给了他20分钟的演讲时间，金翔龙毫不介意，他大步走上讲台，对着一屋子的听众开始讲如何用三级计算机来控制管理船舶和试验设备，让所有人目瞪口呆，不断有人递条子希望他"再介绍一下""再说详细一点"，结果金翔龙整整说了一个上午。人们心悦诚服，"科学一号"的蓝图就这么一点一点地变成了现实。

1980年，"科学一号"考察船由上海沪东船厂开建。这是一艘2 748总吨位的综合性远洋调查船，入CCS船级，总长104米、吃水4.9米，排水量3 324吨，主机是2台5 280马力的柴油机，最大航速19节，经济航速15节，最低速度4.5节，续航力8 000海里，船员编制38人，科学家编制63人。

第七章 迈出国门

"科学一号"船上配备先进的卫星导航仪器设备,配备有10个实验室,总面积为187.5平方米。其中导航定位和数据收集室24.5平方米;地震室32.7平方米;地貌室22平方米;磁力和气象室17.9平方米;湿性室20.5平方米;干性室22平方米;重力室22平方米;气枪室8.4平方米;空压机室8平方米;资料室9.5平方米。

这是一艘高精尖设备密集配置的科技之轮,仅作业甲板上就配备有3 000米水文绞车、3 000米CTD绞车、6 000米CTD专业绞车、8 000米液压地质绞车等各种性能的绞车10余台;配备A型架1台、倒L架1台;配有6台高压空压机及12个高压气瓶,为专业考察提供了有力的声源保证。

如同金翔龙的构想一样,"科学一号"是中国第一艘以系统论为指导、船与设备整体出现在海洋之上的科考船只。在三级计算机的精密数字化控制下,卫星导航系统成为全船的大脑,通过卫星导航,驾驶人员可以在确定船只具体方位的同时,测量出船只的航行速度和方向等数据,以此引导全船的地震作业,使得双方在完全匹配的基础上进行,大大提高了工作的精度和细密程度;而同处于一个系统中的地震勘探作业数据也对接入中央指令系统并转达给驾驶部门,船长操舵的地方也专门安置了显示屏,双方共享测深仪、多普勒声呐数据,以此指挥全船九门气枪有序发射,形成方阵式测量,同时地磁探头等也被纳入这一探测方阵,形成对磁力数据和海底元素测量的立体方阵。

时光荏苒。2015年5月，作为我国第一艘自主建造的科学考察船、有着30多年船龄的"科学一号"正式退役了。在回顾这艘船的光辉历程时，人们这样感叹：在整个20世纪80年代，她曾是海洋科考的代名词；作为我国第一艘专业的海洋科学考察船，"科学一号"的诞生，在我国迈向蓝海大时代之初意义非凡。如今，历经时光洗礼的"科学一号"满载赫赫战功，静静停泊在青岛西海岸科技园区，以独特的海洋教育科普基地身份面向公众开放。

在"科学一号"开工建设的同时，金翔龙在陆地上也建立了一套庞大的计算机处理系统——占了整整一层楼面积的陆基数据处理（计算）中心，光机房就多达3间。引进的脸盆般大小的磁带、数字化仪控台令人耳目一新；最新型的电子探针、电子显微镜以及大量地质专用装备让我国海洋科学的实验室水平基本达到了国际同类标准，实现了更新换代。该工程于1981年通过国家鉴定，鉴定验收评价认为，"系统工程设计思想是正确的，先进的"，整体仪器系统运转正常，接受了近两年的严峻考验，证明质量可靠；仪器系统的管理严格，使用合理，并取得一定效益，被国外评论为"弥补了中美之间的技术差距"。随着古地磁、电子探针、X荧光能谱等多个实验室的建立，中国科学院系统的海洋工程勘测、海洋环境调查和海底科学研究具备了雄厚的技术基础。

1983年，金翔龙奉命再次出国，这次是前往德国参加国际

第七章 迈出国门

大地测量和地球物理学联合会年会（IUGG年会）。他和同事以外交包裹的形式携带着国家报告从北京出发，乘坐火车，经历了5天5夜到达莫斯科，这是他第一次坐火车出国，也是1957年预备赴苏留学进程中止后第一次经过苏联。他们备足了两箱午餐肉和3箱方便面，再到餐车买了两捆啤酒放进车厢，算是给整个行程垫了一个物质基础的"底"。

参加1983年在德国汉堡召开的地球物理学联合会年会IUGG大会（中为金翔龙，左为刘东升，右为毛汉礼）

1983年在德国汉堡IUGG大会期间与毛汉礼交谈

在进入蒙古口岸时，列车更换成了苏式的宽轨，在乌兰巴托的月台上，金翔龙下车溜达"放风"，一口流利的俄语让站台上的苏联军官吃了一惊；在莫斯科，他们住进了大使馆，金翔龙外出参观，为了进出方便，他用随身携带的万金油和驻防在中国大使馆外面的苏联哨兵"拉关系"。短暂休整后他们再从那里出发到了东柏林，从那儿穿过西柏林抵达汉堡参加会议。

　　会议在汉堡大学的国际会议中心举行，会议间隙金翔龙抽空去了周边城市走访了一圈。在基尔，他看到了闻名世界的基尔运河，而位于基尔的威廉斯港是西德重要的军港，在这里，手持中国护照的中国考察团一行吃了"闭门羹"，他们不能和其他国家的游客一样进入参观。东西方的冷战壁垒就这样给他们一次小小的"下马威"。

IUGG会议中心前合影（中间为毛汉礼，左为张焘，右为金翔龙）

第八章
冲绳海槽

在走出国门的同时,中国海洋事业对外的另一扇窗口里,也活跃着金翔龙的身影。

这个窗口,要追溯到1958年2月24日至4月27日,联合国第一次海洋法会议的召开。在日内瓦召开的这次会议上,86个国家和地区的代表分别就领海和毗连区问题、公海及公海渔业问题、大陆架问题及内陆国自由进入海洋等问题进行了讨论,并通过了《领海与毗连区公约》《公海公约》《大陆架公约》和《捕鱼与养护公海生物资源公约》。

其中,《领海与毗连区公约》于1965年9月10日生效;《公海公约》于1962年9月30日生效;《大陆架公约》于1964年6月10日生效;《捕鱼与养护公海生物资源公约》于1966年3月20日生效。这就是著名的"日内瓦海洋法四公约"。

需要指出的是,第一次海洋法会议召开时,许多亚非拉国家尚未独立，参加会议的国家中，亚洲、非洲和拉丁美洲的发展中国家只占少数，因此，会议所通过的"四项公约"和《关于强制解决争端的任意签字议定书》基本上反映了海洋大国的观点，有利于维护发达海洋国家利益，却不能如实反映广大发展中国家的要求。虽然如此，这次会议还是对海洋法的发展做出了毋庸置疑的贡献。也正是在一系列公约谈判过程中，国际海底管理局、国际海洋法法庭、大陆架界限委员会等一系列国际性海洋事务协调、管理、裁判机构相继成立。

1972年，新中国恢复了在联合国的合法席位，第一次在国际舞台上正式亮相、行使自己的权利就是参加1973年联合国第三次海洋法会议。这一会议一直谈到1982年《联合国海洋法公约》（简称《公约》）的制定，被称为可能是"世界上开会时间最长的会议"。会议的胶着和当时全球正处于白热化阶段的海洋权益斗争密不可分。这种斗争的一个重要背景是第二次世界大战结束后各国之间的主权斗争。超级大国凭借其全球行动能力，在各大洋划定势力范围。比如美国在1945年战争结束后立即宣布，毗连美国海岸的大陆架受其管辖及控制。它甚至还在邻接美国沿海的公海设立渔业区，将对海洋的管辖和控制范围扩展至领海以外。面对美国冲击的南美国家纷纷提出和宣布200海里领海或对200海里范围具有主权和管辖权。为调解冲突，1958年和1960年召开了两次国际海洋法会议，但都没有取得令发展中国家满意的结果。

另一个背景，则是对宝贵资源的激烈争夺。从20世纪60年代起，一种新的矿产资源锰结核在海底被广泛发现。它拥有30多种金属元素，其中大多数在陆地难以获得。这引发美苏两个超级大国以及大型跨国财团向海底进军，有关海底资源归属的问题又成为焦点。于是在1970年，第二十五届联合国大会决定召开新的联合国海洋法会议即第三次联合国海洋法会议，以期在广泛讨论的基础上解决争端。

但在会议开始之初，没有一个人想到这会是一场长达9年的惊人的马拉松式谈判，世界各国围绕着领海、海峡、大陆架、专属经济区、群岛国、岛屿制度等问题，展开了一系列激烈辩论甚至是针锋相对的斗争。发达国家与发展中国家、海洋大国与别的国家、沿海国家与内陆国家、资源输出国家与资源消费国家利益交织、矛盾凸显，每个国家都希望在谈判中获取更多的海洋权益，也希望获得国际海洋事务的主导权。

参加谈判的中国政府成立由国务院牵头的中央层面谈判领导小组，外交部、国家海洋局、海军以及地质矿产部等单位联合组成中国代表团，分赴纽约、日内瓦等地参加会议谈判。除外交部、国家海洋局相关负责人轮流参与会议外，整个国家的法律、海洋、地质等部门工作人员和专家学者都被动员起来解决谈判资源问题。从大会传回国内的消息显示，在有关大陆架划界的讨论中，中国与日本激烈交锋，与此同时，中日还在联合进行海底电缆的调查任务，这是中国第一条国际海底电缆，也是当年中国海洋事业最重要的工作任务，并直接牵涉到中日大陆架界限划分问题。

大陆架，这个越来越为中国人所熟知的名词，指的是大陆向海洋的自然延伸，通常被认为是陆地的一部分，因此，又被称作"陆棚"或"大陆浅滩"。大陆架往往具有丰富的矿藏和海洋资源，目前全球大陆架已发现的有石油、煤、天然气、铜、铁等20多种矿产，仅已探明的石油储量就占整个地球石油储量的三分之一。

黄海和东海的海底基本处于大陆架上，但在东海区域，中国是半闭海国家，也就是地理条件半不利国家。在联合国第三次海洋法会议期间，大陆架划分原则和200海里专属经济区原则彼此交错、对峙，给相关国家特别是中国的海洋权益主张造成了新的、激烈的挑战。在这个问题上，日本、印度尼西亚等23个国家共同提案采取"中间线"原则，它曾被之前的大陆架公约所采用，加上持支持态度的共有30多个国家；中国等29个国家共同提案采取"公平原则"，认为中间线、等距线等只是划界方法，主要根据公平原则协议解决。支持这个主张的有50多个国家。在1976年实质性谈判开始后，这一问题迅速上升为大会争论最为激烈的领域，无论是双边还是多边谈判，中国都迫切需要翔实的海洋地质数据和无可辩驳的理论支撑。[①]

---

① 参见《海权约法——中国参与联合国海洋法公约谈判始末》，《瞭望东方周刊》。

第八章　冲绳海槽

1978年开始，在筹建"科学一号"、逐步恢复对外联系的过程中，受外交部等方面委托，金翔龙等多名海洋科学领域专家在一年时间内多次召开会议研讨大陆架勘探问题。此时我国已经使用地磁、地震等手段对渤海等领域完成了较为详细的勘探，但在东海、黄海对日本、韩国方向的相关数据仍然严重不足。特别是在至关重要的冲绳海槽方向，相关地质和地球物理数据、资料更为匮乏，对我国大陆架权益主张谈判造成了较大的困难。

冲绳海槽——这是一个位于东海大陆架外缘、东海陆架边缘隆褶带与琉球岛弧之间的一个狭长带状弧后盆地，是东海大陆架的边缘，位于琉球群岛和中国钓鱼岛之间，是因琉球海沟的岩石圈俯冲而形成的弧后盆地，大部分深度逾1 000米，最大深度达到2 332米。这是一条堪称壮美的海槽。从神州大地延伸而出的大陆架，一直是几十米到百余米的缓坡，直到冲绳海槽才突然下沉至2 000多米深，高温高盐的黑潮沿海槽北区缓缓而来直上东北，水色青到蓝黑色，极为宽阔壮观，令每一个见过的人都终生难忘。

中国政府一贯主张，中国在东海的大陆架自然延伸到冲绳海槽，从中国领海基线量起超过200海里。而日本方面则声称，冲绳海槽只是大陆架上的一个凹陷而并不是大陆架的终点。这样一来，日本和中国就是共大陆架的国家，延伸原则不适用，应当采取中间线原则。

孰对孰错、孰是孰非，就靠坚实的科学证据说话。但中国海洋工作者在20世纪70年代末面对的,却是中日之间存在巨大的海洋地质调查能力与成果"双落差"的窘迫现实。21世纪初国内发表的一篇论文则坦诚地指出:"我国对东海地区的地质与地球物理调查工作起步较晚,早期因技术手段的落后和观念的局限而使工作程度很低,无法开展海区的地质与地球物理勘查,不能掌握海区的真实状况,因此,很难对具体情况提出客观的分析论证,无法取得全面的认识,难以了解该地区的全貌,致使早年我国科学家对海区地质构造特征的分析和结论,主要依据对中国大陆地区研究结果的类比、推理和判断。"

但与此同时,日本方面则是图谋已久,储备了大量的数据资料。作为一个海洋岛国,日本从20世纪70年代就开始进行大陆架地质调查。日本地质调查所从1974年开始利用"白岭丸"船实施"大陆架基础地质调查"计划(1974—1979)。1979—1983年,日本实施了"大陆架地质详查计划",用4年时间编绘了1:100万海底地质图和部分1:20万地质、沉积物、重力异常、磁力异常图等。日本水陆部则从1983年开始,利用"拓洋丸"船实施了1:50万专属经济区地形调查,并完成了日本四国、东海、菲律宾海盆地的测量,调查项目包括多波束测深、单道和24道地震测量、重力、磁力测量、地质采样、海底摄影、CTD测量等,基本查明了东海海区的冲绳海槽区的地壳性质和其上的火山活动及热液成矿过程。[①]

[①] 引自《国外地质调查所海洋地质测绘概况和我们的建议》,作者许东禹。

第八章　冲绳海槽

在巨大的落差面前，人们又一次将目光集中到了金翔龙身上。作为国内海洋地球物理学科的中坚力量，中国科学院海洋研究所的海洋地质调查人员在他的带领下于20世纪50年代和60年代先后完成了渤海、东海海底的地质调查，取得了大量的海底资料，初步掌握了东海近海地质的基本特征，虽然涉及的项目比较有限，但为进一步研究打下了基础；1960年以来，他对渤海、黄海、东海、南海各个海区进行的多次海洋地质地球物理综合勘查，为开展现代化的海洋地质勘探工作积累了丰富经验。人们期待他能够在艰难的局面中率先打开一条通路。

更重要的是，1974至1975年间，在金翔龙的带领下，中国科学院在东海陆架区进行1∶300万地磁测量，编绘了相应比例尺的地磁异常图。随着他在东海借助"金星"号调查船展开了为期1个多月的地磁调查，首次将东海盆地的磁性基底勾画了出来。这些调查让金翔龙第一次对大陆架有了清晰的了解和认知，也为解决冲绳海槽的地壳结构性质、发育等重要理论问题、为相关划界主张提供理论支持奠定了重要基础。

1982年，金翔龙和喻普之合作完成的论文《黄海、东海地质构造》正式发表。在经过20多年的跌宕起伏后，当初那个站立在渤海之滨、立志要投身中国海洋事业的年轻人，终于可以给自己提出的两大任务都画上了完美的句号。第一个任务，为祖国寻找石油，他已经开辟出了一整套的海洋地质工作机制，并率先开展渤海、黄海和东海的地球物理探测，给新中国的海洋石油勘探做出了不可磨灭的贡献；第二个任务，弄清楚黄海的地质构造及其成因，他也给出了自己的答案。

在论文中，他雄辩地写道："多次的次生扩张作用是形成黄、东海复杂构造格局的控制性因素。太平洋板块与亚洲板块的多次碰撞，导致了多次的次生扩张和与之并生的扭张……多次的次生扩张作用不仅控制着黄、东海的构造格局，而且也是边缘海形成的重要原因。"

"在地质历史上，地球表面的宏观地质过程有两大类，即大洋的生成与扩张和大陆的生成与扩大……随着边缘海的老化，次生扩张出现的边缘海衰退，进入老年期，洋壳物质又转变为陆壳物质，这些新变成的物质便贴附在原来的陆壳上，从而扩大了大陆。这就是边缘海在大陆生成与扩大过程中的作用。黄、东海构造性质的研讨对于探讨边缘海的形成和大陆的生成与扩大都有着积极的理论意义。"

边缘海数据资料和理论基础的不断完善，让金翔龙对于冲绳海槽的地球物理勘探充满了信心。此时，地质矿产部海洋地质调查局、国家海洋局第二海洋研究所（简称"海洋二所"）等部门和队伍也已经着手开展相关领域的调查，并取得积极成果。1981年，刚刚建造完成的"科学一号"开启首航，目标直指东海大陆架和冲绳海槽，进行海洋地质和地球物理综合调查。

第八章 冲绳海槽

这是一次以地震测量为主的科学调查,在金翔龙的指挥下,中国科学院海洋研究所在东海区域进行了20多个站位的遥测浮标折射地震测量和7个OBS折射地震测量,主要采用多道反射地震与声学浮标折射地震法探测东海的海底结构和深部构造,划分海底的速度结构层,建立冲绳海槽的构造发育模式。金翔龙"押"上刚刚从国内外整合而来的所有现代化装备,包括当时在全球处于领先位置的卫星导航系统。他还专门设计了一套声标地震系统,用气枪实施爆炸后可在远处接收相关信号。

1982年6月,"科学一号"在冲绳海槽南段布测了5条地震反射剖面。航行定位由卫星接收机、劳兰C导航仪和多普勒声呐等构成的组合卫星导航系统进行,定位平均误差为45米,推算船位的误差值最大为2海里,最小为0.5海里,测线最大偏差值3海里。精心研制的三级计算机控制系统发挥了关键性作用,计算机指挥组合卫星导航系统和各个地球物理测量系统,7只气枪轮番发射,同步误差保持在1毫秒,实现了数据的精准测量。获得的数据显示,冲绳海槽的地震反射波组根据变形程度可以分成3组,其中未变形的A层组的地质年代可能是更新统至现代的沉积,海槽南段较厚,北段较薄;B层组可能是上新统的沉积,其厚度变化与A组相反,南段薄,北段厚;C层组则可能是中新统和比中新统更老的地层,海槽中充分发育着顺海槽走向的高角度正断层,为海槽的裂陷成因提供了科学的依据。

在这次考察中,"科学一号"成为第一艘带着地震仪系统经过钓鱼岛附近海域的中国海洋科考船。在海风之中,金翔龙站在船头,目睹着不远处的钓鱼岛、赤尾屿、黄尾屿、南小岛、北小岛等岛屿依次掠过,心情格外畅快。海鸟翔集、岛屿青葱,间或有几艘白色的渔船驶过,这一幕幕给他留下了深刻的印象。

因为黑潮涌动,这里海水虽然呈青黑色,营养却异常丰富,是我国渔民千百年来生生不息、持续劳作的传统渔场,是中国神圣的领海;他又想到自己常年在黄海、东海进行海洋勘探时,几乎每次都会遇到美国、日本的军机从头上呼啸而过,对中国科考船的科考活动造成严重干扰,对中国的海洋权益造成肆意的破坏,心中无比感慨。经历过抗战烽火和新中国建设岁月的他坚信,祖国只有更加强大,才能更好地捍卫自己的权益,也才能为全体中国人谋求更加幸福、安宁的未来!

1983年在"科学一号"调查船的气枪架旁

第八章 冲绳海槽

通过此轮勘探，金翔龙获得了冲绳海槽区的水深、海底地震地层结构与地磁场数值，第一次对冲绳海槽的莫霍界面深度分布进行了全面探讨。他的研究结果表明，冲绳海槽区标志性的奄美大岛北侧的水下高地是海槽南北的一条分界线，槽南地壳薄，近于大洋性，槽北地壳厚，近于大陆性。总的来说，冲绳海槽的地壳厚度不超过30千米，平均为20千米左右，而东海大陆架处的地壳厚度均超过30千米，并向大陆方向继续增厚，至福建沿海已经达到35千米左右。冲绳海槽在地理上虽然位于东海之内并邻近大陆架，但它具有较薄的地壳厚度，在地壳性质上"显然有别于大陆架"。数据还证明，冲绳海槽南北两段的界限为奄美大岛北侧的水下高地，此高地可能是一条北西向的、具有转换断层性质的断裂，其北地壳近大陆性，与日本九州连成一体，其南地壳近大洋性，为过渡地壳。

这是精准的科学论断，也是铁一般的事实，这些论断和中国科学工作者的其他成果一起，成为我国大陆架权益斗争的重要依据。从落后起步追赶的中国时至今日，水文、地质、化学等海洋资料数据之周密翔实，已经不弱于日本，在全球海洋法规法则的谈判和双边协商中更不落于下风。包括金翔龙在内的科学工作者们为此付出了多少艰辛与心血！

1984年，东海大陆架和冲绳海槽科考行动暂告一段落。根据勘探结果，金翔龙等人绘制出了1∶200万比例尺的冲绳海槽构造

1983年在东海钓鱼岛附近海域及冲绳海槽布放地震漂浮电缆及尾标

图。而通过此轮科考形成的大陆架剖面研究体系被金翔龙一直延伸到西太平洋科考过程中，为形成具有中国特色的大陆架研究理论体系奠定了坚实基础。1991年，金翔龙受命主持"八五"国家重点攻关项目"大陆架及邻近海域勘查和资源远景评价研究"，再次组织国家海洋局、地质矿产部、中国科学院和国家教委等有关单位人员综合勘查黄海、东海和南海的若干海洋权益敏感区，勘查其地形、海底沉积物、海洋地球物理与地质构造特征、矿产和水资源等，并编绘我国大陆架及邻近海域环境系列图，评价我国大陆架及邻近海域的生物资源与矿产资源，建立中国大陆架及邻近海域环境与资源信息库、划界方法数据与方法库，并按照《联合国海洋法公约》提出大陆架与邻近海域的各种划界方案，有力地支持了我国的海洋管理，维护了我国海洋权益。1995年，该项目获得了国家海洋局科技进步一等奖，金翔龙也被授予国家"八五"科技攻关先进个人称号，受到时任中共中央总书记、国家主席、中央军委主席江泽民的接见。

1996年获"八五科技攻关突出贡献奖"在人民大会堂留影
（前排左二为文圣常，中为刘东生，右二为金翔龙）

也就是在1995年，因为中国在全球大陆架研究和理论体系构造中的"关键地位"，联合国政府间海洋学委员会向金翔龙发出了邀请，请他出席专家咨询会，成为该委员会在联合国海洋法公约顾问委员会（ABLOS）的代表，并就执行《联合国海洋法公约》有关大陆架条款的问题进行讨论，提供咨询，对大陆架问题的框架、大陆架界限的准确定义、大陆架数据库的建立以及大陆架的环境等问题编写建议书。这意味着"中国理论"已经成为全球公认的大陆架划分原则，人们希望从中国传来的公正、公平的判断，能够为全球纷繁复杂、利益交织、矛盾激烈的海洋权益协调工作带来良好的回响。由于在大陆架与边缘海海盆演化研究方面的国际影响，在1996年的第30届国际地质大会上，他还被推选为"边缘海盆地形成与演化"专题的主持人。

1997年，国家海洋局第二海洋研究所研究员吕文正出现在联合国大陆架界限委员会这一重要的国际舞台上，成为组成该委员会的21名地质学、地球物理学或水文学方面的（专家）委员之一，从那时起一直连选连任至今。在他的背后，就是一个由金翔龙学生组成的科学家和先进信息技术团队。

事实上，按照《联合国海洋法公约》附件2的要求，大陆架界限委员会的职责和权限主要包括审议沿海国提出的关于扩展到200海里以外的大陆架外部界限的资料和其他材料并提出建议，经有关沿海国请求，在编制申请案有关资料时提供科学和技术咨询意见等，而吕文正的出席，意味着在这个问题上，全世界都可以倾听到中国技术团队发出的"精准声音"。

2002年，俄罗斯向大陆架界限委员会提出了第一例主张200海里以外大陆架的申请，自此以后，各国申请持续增加。截至2016年12月底，已先后有67个国家向联合国大陆架界限委员会提出了82个正式的外大陆架划界申请案。有些国家就不同地区分别单独提出或和其他国家联合提出了申请，包括俄罗斯、澳大利亚、英国、法国、西班牙、巴西、南非、印度尼西亚、日本、菲律宾、越南、马来西亚、印度等国家都提出了申请案，其分布遍及全球五大洲。另一方面，还有韩国等近40个国家已经向大陆架界限委员会提交了47份初步

1999年，与吕文正（左一）和Park教授（右一）在西湖边合影

信息，表示将在近期内提出正式申请。联合国大陆架界限委员会前委员、挪威人哈拉德·布莱克甚至用"这是世界地图的最后大改"来形容这一汹涌态势。其中，2008年4月，澳大利亚划定外大陆架的申请案得到联合国大陆架界限委员会的部分认可，从而使其大陆架范围在原有的基础上扩大了250万平方千米，而第一个提出申请的国家俄罗斯则因为不符合《联合国海洋法公约》相关文件的规定而遭到拒绝[1]，此外日本有关冲之鸟礁的主张也被否决。在审议各国主张的过程中，中国相关技术不仅在中国周边海域得到广泛应用，也被全球多个国家和地区广泛应用于自身的大陆架划界分析，一些国家和地区甚至专门请求中国专家提供从基础勘查、数据收集、理论分析到界限划定、文件制作、申请提交等全套服务支援，希望以此获得国际申请和谈判的主动权。

---

[1]《论联合国大陆架界限委员会在外大陆架划界中的作用——兼谈中国及周边国家的外大陆架申请》，作者李毅。

"在理论和技术双支撑下,我们现在不仅是对中国所有的大陆架进行了研究,我们还对全球大陆架专属经济区进行了研究,可以说,是中国在引领全球大陆架理论研究的方向。"金翔龙说。

　　以海底扇为例,为论证这一特殊海底地形在外大陆架划界工作中可能产生的影响,金翔龙等人通过对全球典型的10个海底扇共同特征的统计,运用相关划界软件,对《联合国海洋法公约》第76条中两大重要地质因素——大陆坡脚位置和沉积物厚度进行了分析和研究,对孟加拉海底扇、蒙特利尔海底扇及印度海底扇3个全球典型的海底扇进行了外大陆架区域的划界分析,探讨了海底扇的发育及其对地貌的改造作用,以及对划界结果可能造成的影响。结果显示,影响海底扇发育的三大主要因素——构造环境、沉积物供给和海平面变化,使大陆坡脚位置的确定成为大陆架划界工作中面临的首要且关键的问题,对外大陆架的划界结果有潜在影响。而海底扇复杂的地质背景和特征,无疑对划界时使用《联合国海洋法公约》中的规定条款提出了新的挑战。在考虑海底扇影响的前提之下,陆坡坡脚位置会因其地形的变化向前推进或后退,峡谷和水道的分布对选区剖面确定最大坡折点的位置也会带来较大影响。因此,在外大陆架划界工作中,不但需要考虑《联合国海洋法公约》中的法律条款,海底扇及其形态、分布等自然地质特征因素,也是未来划界工作中需要进一步深入研究的重要问题。

第八章　冲绳海槽

2009年5月11日，中国常驻联合国代表团向联合国秘书处提交了中国关于确定200海里以外大陆架外部界限的初步信息。递交的文件说明，中国利用全球水深数据(GEBCO)和中国实测水深资料，编制了东海大陆架及其周边海域的海底地形图，以中国政府公布的领海基点"两兄弟屿"（中国第14号基点）、"渔山列岛"（中国第15号基点）和"台州列岛(2)"（中国第17号基点）为量算起点选取了4条典型的海底地形剖面，并根据公约第76条相关规定，确定了4个大陆架外部界限定点，确定的定点位于200海里以外。上述结果证明,中国在东海的大陆架自然延伸超过200海里，中国在东海具有200海里以外大陆架，中国将在今后适当时候提交东海200海里以外大陆架外部界限的划界案。

2012年12月14日，中国常驻联合国代表团代表中国政府向联合国秘书处提交了东海部分海域200海里以外大陆架外部界限划界案。该划界案向全世界庄严指出，地貌与地质特征表明东海大陆架是中国陆地领土的自然延伸，冲绳海槽是具有显著隔断特点的重要地理单元，是中国东海大陆架延伸的终止。中国东海大陆架宽度从测算中国领海宽度的基线量起超过200海里。划界案同时明确，提交该划界案不影响中国政府以后在东海或其他海域提交其他外大陆架划界案。

2013年8月15日，在联合国大陆架界限委员会第32届会议上，中国代表团就中国东海部分海域200海里以外大陆架外部界限划界案向大陆架界限委员会进行了陈述。陈述主要包括：划界案所使用的数据、确定大陆架外部界限的科学技术依据、划界案所在海域的海洋划界情况等问题。沿海国的陈述是委员会决定其是否进一步审议划界案的重要依据。

"划界案陈述给了我们一个充分展示中国立场和科学证据的机会，且从科学角度进一步强化了东海大陆架自然延伸的事实，标志着中国东海大陆架划界不仅仅在法律上是站得住脚的，在科学上也是无懈可击的。"出席会议的金翔龙的学生、时任国家海洋局第二海洋研究所副所长的李家彪这样总结陈词。会上进行技术答辩的李家彪现在是国家海洋局第二海洋研究所的所长和中国工程院院士。

这时，在遥远的祖国，海洋科学工作者们仍在默默耕耘。

2003年，金翔龙与李家彪在法国尼斯参加EGU和AGU联合年会

第九章
国际合作

1985年，在冲绳海槽和东海大陆架调查暂告一段落后，金翔龙的工作履历出现了一次新的变动：他离开了美丽的滨海城市青岛，从中国科学院海洋研究所调出，调入了三秋桂子、十里荷花的杭州，进入国家海洋局第二海洋研究所工作。

这时的金翔龙，已经年过5旬，常年的海上生活，给体魄依然强健的他还是留下了岁月的痕迹。当年因为口咬电缆、人工抛炸药替代气枪留下了后遗症，他的牙齿此时已经松动脱落殆尽，加上在"文化大革命"期间受批斗而留下的腰腿伤也时不时会发作，于是有人猜测，举家南迁的他也许已经萌生了工作上的退意，才来到"渔翁闲鼓棹，沙鸟戏迎潮"的钱塘江畔。有熟人在国家海洋局第二海洋研究所院子里遇见他时，还专门客气地招呼道："老金，来杭州安享晚年吧。"

金翔龙哈哈一笑："老是老了，还有点力气，杭州这地，也是干活的好地方呢。"

"还有点气力的时候选一个地方，按新思路构筑一个海底科学研究基地，培养出一批新生力量，中国是个海洋大国，未来海洋强国的路还很长，得一代接一代地走下去！"这是他内心深处立下的誓言。

金翔龙调入的国家海洋局第二海洋研究所是1965年12月由国家科委和海军司令部批准，原中国科学院华东海洋研究所浙江海洋工作站与国家海洋局所属海洋调查第一大队合并组建而成的。1966年3月，国家海洋局海洋第二研究所正式成立，人员分驻宁波、杭州两地。1972年11月，中央军委批准该所定点杭州市。1973年12月，海洋二所扎根西子湖畔，迅速成长为一座学科齐全、科技力量雄厚、设备先进的综合型公益性海洋研究机构，研究领域涵盖海洋地质、地球物理、海洋遥感、物理海洋、海洋生物、海洋化学、工程海洋学等五大门类19个专业方向，在深海资源勘查、极地科考、外大陆架划界、卫星海洋学、物理海洋学研究、海岛与海

20世纪80年代，初到杭州的金翔龙与大哥金翔元于西湖白堤上

岸带资源调查等学科和研究领域形成了特色和优势，取得了许多国内外具有重要影响的进展和突破。

这是一所以"求真务实，敏行致远"作为"所训"、以实现中国海洋强国梦为己任的单位。金翔龙在完成报到手续后，接到的第一个任务就实践了"致远"的目标——时任国家海洋局局长严宏谟希望他随同局里组建的队伍赴德国，协助进行中德海洋科技协作谈判。

严宏谟是金翔龙的学弟，1957年毕业于北京地质学院水文地质及工程地质系，曾任中国科学院外事局负责人、联合国国际海底管理局和国际海洋法法庭筹备委员会中国代表团团长等职务，和金翔龙一直交集不断。1985年担任国家海洋局局长后，中德海洋科技协作成为摆在他面前的一项重要任务。这是继1979年中美签订海洋科技合作议定书后，第二个有意愿和我国开展海洋科技合作的西方大国，古老的东方大国不仅以坚毅的步伐积极走出去，也带着从容的微笑，迎接各国朋友的到来——中德合作的顺利与否，将在整个欧洲形成强烈的示范效应，因此，谈判备受重视。这时，严宏谟想到了有着丰富对外交流经验、曾在德国参访、主导过多次跨国和跨区域海洋科技合作的金翔龙，希望他能够在中德协商过程中发挥积极作用。

放眼全球、加强中国同海外的合作，一直是金翔龙的核心理念之一。他同意随团出访。这也是他第二次到德国进行重要交流。双方的协商与谈判在联邦德国（西德）首府波恩进行，德方也安排中方人员陆续前往汉诺威、汉堡、基尔等地参观访问。

就是在这次参观访问中，金翔龙第一次搭乘直升机从德国飞抵北海划界中间点、位于北海最中部的黑格兰德平台。北海大陆架争端是20世纪60年代有关海洋争端的著名跨国案例，涉及丹麦、西德、荷兰等国。1967年2月，德国与丹麦和德国与荷兰分别达成协议，同意将三方争议提交国际法院，请求法院判定，"在划分属于该三国的北海大陆架区域时应适用什么国际法原则和规则"，国际法院对此在1969年2月20日以11票赞成、6票反对作出判决。在判决中，法院不否认等距离划界方法是一种非常便利的方法，并在很多情况下被采用，但该方法不是习惯法的强制性规则，划界应"通过协议，按照公平原则，并考虑到一切有关情况，以使每一个国家尽可能多地得到构成其陆地领土自然延伸的大陆架所有部分，并且不侵占另一国陆地领土的自然延伸。"在法院判决后，德荷和德丹分别经过谈判达成协议。该判决的基本主张为后来的海洋划界判例

1983年在德国北海

第九章 国际合作

所援引和发展，成为海洋划界法发展的重要渊源。

但给金翔龙留下更深刻印象的则是那里的军事设施。为了监视苏联从波罗的海和喀拉半岛西出大西洋的海军舰艇特别是潜艇，这里专门设立了一个巨大的斜井深入海面，以供军方人员使用。这次参观带来了一个意想不到的结果。等金翔龙返回汉堡下榻酒店参加当晚举行的接待活动时，他的一个行李箱被盗了，德国警方接获报案后也赶到了现场，好在箱子中并没有关键性的谈判资料，只存放有金翔龙个人的一些参访和交流记录。箱子最终也没有能够找回。事后中方代表团人士猜测，也许是金翔龙过于靠近军事基地的举动引起了北约方面情报机构的关注，箱子的丢失有德国内务部门介入的可能，算是一次针对中方人员的"小警告"。

在国外参加考察的金翔龙（右二）

箱子丢失风波后，中德双方的谈判仍在进行，双方在一些细节和措辞上存在分歧。适逢德国举行大选，参与谈判的德方官员需要进行竞选活动，谈判时断时续。负责谈判的德国科技部也顾虑到相关不良影响，主动提出安排中方人员参观一些以往较少开放的科技企业和单位。金翔龙等人参观了位于阿尔卑斯山脚下的飞机工厂，巨大的客机机身和螺旋桨给他留下了深刻印象。

1987年参加"中国-联邦德国海洋科技发展合作议定书"谈判期间进行科学考察（中左：严宏谟局长，中右：金翔龙）

1986年，中国与德国正式签署海洋科技合作议定书，双方同意进行联合科学考察，方向定为中国南海区域，金翔龙任中方首席科学家。德方首席科学家则由著名的K. Hinz教授担任。双方决定在杭州召开一场联合讨论会制定工作规划，以便尽可能地计划周全。

第九章 国际合作

1986年中国和西德在杭州联合召开"南海海洋地质与地球物理学术讨论会"

中德合作会议签署合作协议（后排左二为金翔龙）

金翔龙在杭州开始了紧张的会议筹备。就在这时，从南京传来了噩耗：他的母亲因病去世了。

事情发生得极为突然，人们把目光投向了沉默中的金翔龙。幼年失怙，他深爱自己的母亲，她在南京扶着年幼的金翔龙蹒跚学步、在重庆独力支撑家庭、含辛茹苦却不让子女失学的一幕幕场景仿佛走马灯一样在面前闪过，让他泪流满面。常年投身海洋地质事业，让他很少有时间承欢膝下，他心中已经极为愧疚，他想，自己应该立刻赶回南京，回到母亲的身边，哪怕再看上母亲一眼、再握一下母亲已经冰凉的双手，都是莫大的慰藉。

可如果此时他离开杭州，也就意味着中德联合工作会将无可避免地推迟甚至取消，中德的协作计划的执行也必然会受到严重冲击。作为中美之后第二个大型涉外合作计划，南海调查还牵涉到国家主权、利益等一系列重大问题，任何拖延都可能造成变数的出现，给中国海洋事业造成难以挽回的损失。

妻子高曼娜看着沉浸在悲痛中的金翔龙，她理解丈夫的煎熬与压力。

"老金，你留下，这里不能没有你，我带儿子回去替你尽孝。"她说。

妻子和儿子出发了，金翔龙留在了杭州。自古忠孝难以两全，他想起了距离国家海洋局第二海洋研究所不远的岳王庙，想起了"精忠报国"4个字。同样鼓励儿子为国报效的母亲，应该能

第九章 国际合作

金翔龙一家与母亲、岳母的合影

够谅解自己、支持自己的决定吧!

把悲痛压抑在内心深处的金翔龙全身心投入到了中德会议之中。可就在会议召开前两天,德方提出要求,希望中方安排一次计划外的主旨发言。留给金翔龙的时间只有一个晚上,在没有计算机辅助操作的情况下,他连夜工作,用薄膜复写的方式准备了一份图文兼备、数据翔实的情况介绍和工作构想。这是对南海海洋地质问题一次空前详尽的梳理。金翔龙指出,面积约350万平方千米的南海是西太平洋最大的边缘海之一,整个海域几乎被大陆、半岛和岛屿所包围,平均水深达到1 212米,最大水深达到5 377米。南海又以其蕴藏的油气等丰富矿产资源,地处欧亚、太平洋、印—澳三大板块的交会处,历来成为地学研究的热点之一,其成因和演化更是备受关注,纵观南海成因研究的历史,不同学者、不同理论众说纷纭，几乎地学界不同时期的不同理论均在南海成因研究中得到体现，地学理论的更迭、演替脉络无不尽显其中。

"因此，南海是全球性的地学理论试金石，我们应当结合中德两国海洋研究的特色和优势，完成对南海地球物理数据的调查、整理和分析，在南海的形成、演化和动力机制上给出坚实的答案。"他说。

中德双方科学家一致同意了金翔龙的方案构想。会议决定，南海地球科学研究将是一项区域性构造与自然资源的综合研究，由地球物理普查、地质取样和同位素地球化学研究所组成的考察工作，其科学目的包括研究南海两个不同区域的地壳结构，考察中沙浅滩的地质特性、研究盆地发育、地震地层和中沙以北盆地表层沉积物的地球化学特征，以便确定共轭式大陆边缘之间，即南沙群岛与中沙—珠江口盆地大陆边缘间的相似性与差异性。

1987年开始，两国科学家乘坐联邦德国研究技术部提供的"太阳"号调查船奔赴南海，分两个航次开始执行"南海海洋地球科学联合研究"以及"东海与南海海洋沉积作用与地球化学联合研究"等计划。第一个航次人们采集了4 112千米的多道数字地震反射资料，同时获取重力、地磁、多波束扫描和3.5千赫兹单道剖面的资料；第二航次是为获取地质、地球化学和地热资料，完成了21个拖网站、17个地球化学站和6个热流观测站的工作。

第九章 国际合作

南海，中国地图下方那一片耀眼的蓝色。这里有每一个中国人都熟知的西沙群岛、东沙群岛、中沙群岛和南沙群岛，"千里长沙，万里石塘，上下渺茫，千里一色"是古代先贤对南海的描述。无穷无尽、浩渺而湛蓝的南海是中国当地渔民千百年来劳作生息的故乡，是他们凭着手抄的《更路簿》直航万里的通道，也是蕴藏着丰富油气和矿产资源的聚宝盆。但从20世纪70年代初起，菲律宾、越南等国家相继侵占我南海部分岛礁，掠夺我南海资源，使我南海主权面临严峻的挑战。进入80年代后，相关国家对我南海主权的侵犯行径不仅没有减少，反而伺机扩大。在此背景下，中国政府也逐步采取更为积极的政策，加强对南海的管理，包括中德联合科考在内的海洋调查活动也因此具有了重要的现实意义。

1989年在德国联邦地球科学与自然资源研究所（BGR）讨论地震记录
（左一为金翔龙）

金翔龙不负众望。这次科考"几乎把南海的整体构造摸了一遍",获得了包括南海地壳构造、构造演化以及锰结核、富钴结核等新型海底矿产的新发现、新认知,同时研究得出稀土含量已经达到工业开采品位、具有重大经济价值的结论。1989年,《南海地球科学研究报告》正式发表,成为当时国内对南海海洋地质和地球物理调查最为详尽的报告之一。报告认为,南海深海盆的3个海盆,即东部海盆、西南海盆和西北海盆皆具有大洋地壳性质(以莫霍面深度为准),据其沉积层序,并与陆架区钻井相比,3个海盆的相对年龄依次是西北最老,东部次之,西南最新。而中沙下部推算出来的高磁化率指明地体部分的大陆成因,这与被钻探所证实的西沙群岛是相同的。这是国际海洋地质学界在南海勘查上取得的重要突破,也是中国海洋科学界的重大贡献,为后续研究奠定了基础。

同时,报告认为,南海海底的锰结核(壳)富含钴,铜、钴、镍的含量较高,而且该结核(壳)中的稀土成分颇丰,工业利用价值很大。

在随后陆续发表的论文中,金翔龙等人对南海的形成、演化和动力机制提出了新的看法和理论。在《南海东部海盆晚期扩张的构造地貌研究》一文中,他提出,南海东部海盆存在3组走向不同的北东向线性构造带,它们分布于黄岩海山链南、北两侧约350千米宽的中央区内,是张性基底断裂在海底的反映。这3组构

第九章　国际合作

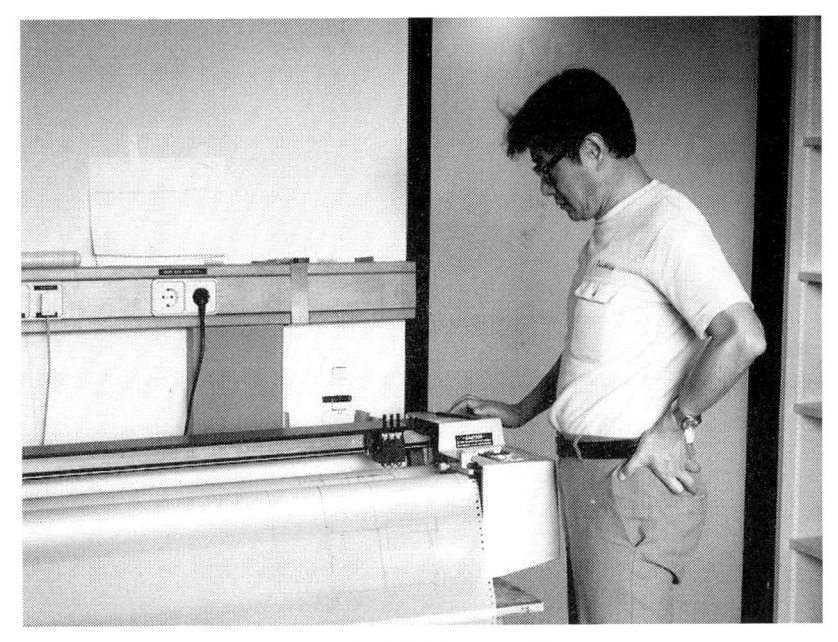

1989年在德国BGR工作

造带分别对应海盆3个扩张期。东部海盆的扩张具有不稳定性、分段性以及不对称性的特点；各扩张期内，线性构造走向呈连续变化，而各扩张期之间线性构造走向均有3度至5度的跃变，反映扩张方向存在渐变和突变的演化特点；与扩张同期的北西向转换断层，空间分布上呈由东向西逐步加密的特征，各段间北东向线性构造走向变化较大，反映扩张轴纵向延伸的分段性；扩张不对称性普遍东部大于西部，扩张速率南侧明显大于北侧，导致海盆扩张具有东宽西窄的特点及较强的不对称性。

在《神狐——一统暗沙隆起中部新生代地层层序划分及沉积演化》一文中，金翔龙等提出，被动大陆边缘在陆壳和洋壳过渡带的陆壳一侧常发育边缘隆起，一般可包括3种类型：构造形成的边缘基底高、珊瑚礁和穿刺。穿刺的成因可用后期沉积物引起的差异负载解释，而边缘基底高和珊瑚礁均与隆升有关，关于它的成因则有不同解释。一种认为它是原始裂谷地堑上升壁的反映，因而是大陆成因；另一种则认为是陆壳负载和均衡沉降的结果。由于沉积物取代水体，引起下伏地壳的均衡调整、下沉，边缘隆起区是沉降区的边界线。研究区内的隆起区经拖网取样，获得了辉长岩和闪长岩样品，其中辉长岩铷—锶法测年为（139.95±9.85）百万年，声呐浮标速度分层资料也表明隆起的基底主要由中生代花岗岩、沉积岩及古生代或更老的变质岩组成，表明研究区的隆起应属于边缘基底高。从其构造和沉积演化看，晚渐新世以前与珠江口盆地基本相同，主要隆升时期为晚渐新世至早中新世，而该时期是北部的珠二坳陷最大沉降时期，也是南海海盆主要扩张时期，但整个珠江口盆地的主要断陷期为始新世，渐新世晚期已转入坳陷期。因此，隆起的形成期晚于盆地主断陷期，并非断陷差异升降的结果。而负载和均衡沉降从盆地形成机理上讲，应先沉降、后充填才有均衡沉降，它只能加强沉降作用。由此，他认为隆起的成因可能是北部沉降和南海海盆扩张形成的水平挤压应力和负载均衡共同作用的结果，因而是南海海盆扩张在北部陆缘的直接响应。

在《中国南海的形成演化及动力学机制研究综述》中，金翔龙等提出，尽管关于南海成因的观点不尽相同，但根据其理论基础和成因模式特征，主要观点大致可分为两大类型：一类是以槽台说为基础，另一类是以板块理论为基础。后期虽有融合槽台说和板块理论的成因解释，但其槽台说的根基仍依稀可见。相比之下，槽台说为基础的似乎更宏观，以海底扩张为基础的更具体些，易于得到地球物理等调查资料的验证。

但他同时也指出，总体上，南海形成演化方面仍存在一些问题，有待于进一步深入研究，主要包括：（1）南海的磁异常条带及与全球的对比；（2）南海扩张方式、期次以及东部次海盆、西北次海盆和西南次海盆的成因关系；（3）南海扩张在陆缘的表现；（4）太平洋板块俯冲和印度板块与亚洲板块之间的作用与南海演化的关系；（5）南海北部边缘和南部边缘的对比等。他提出，针对上述问题，下一步研究应重点加强南海海盆扩张方式和南、北部边缘构造和沉积演化对比研究：通过对东部次海盆、西北次海盆和西南次海盆的成因和对比分析，结合西太平洋边缘海构造演化研究，全面揭示南海扩张历史及其动力学机制。随着南海调查的不断深入，以及新技术、新手段和新理论的应用，相信随着资料的不断积累，一定会给南海的形成演化研究带来新的思路，提出新的认识。

1991年，就在中德联合考察圆满结束后不久，来自外交部的一通电话让金翔龙多少感到有些意外。外交部请他参加以外交部亚洲司司长王英凡为团长的代表团，赴印度尼西亚万隆出席南海潜在冲突国际讨论会，以权威专家的身份就南海自然环境、资源与合作等问题，特别是有关南沙群岛的敏感问题，与东盟各国和南海周边其他国家的科学家与官员交换看法，以维护我国海洋权益。

南海潜在冲突国际讨论会的全称是"处理南中国海潜在冲突非正式讨论会"，也有人称作"南海问题讨论会"。该非正式讨论会由印度尼西亚政府发起，主要议题包括南海资源的管理、保护与共同开发，船运、航行与交通，环境、生态与科学研究，政治与安全问题，领土主权与管辖权问题和国际合作机构等6个方面。

第一次非正式讨论会于1990年1月2日至25日在印度尼西亚的巴厘岛举行，印度尼西亚、泰国、马来西亚、新加坡、菲律宾、文莱共6个东盟国家的专家、学者和政府官员以个人身份参加会议，印度尼西亚外长阿拉塔斯主持会议，与会人士就有关问题发表了各自的看法，并希望中国、越南等有关国家和地区参加讨论会。

因此，当1991年7月15日至18日第二次非正式讨论会于万隆召开时，以个人身份出席会议的政府官员、专家和学者除来自东盟6国外，还有中国、中国台湾地区、越南、老挝方面人士，这是与南沙争端有关的所有各方第一次坐在一起讨论南沙争端，也是来自祖国大陆和台湾方面的专家学者第一次有机会共同商讨相关议题。

1991年在印度尼西亚万隆参加处理南中国海潜在冲突非正式讨论会

　　这次会议也出现了两岸关系的一个"小插曲"。由于适逢中国和印度尼西亚恢复外交关系不久，两岸关系由于种种原因经历了一些波折，但在两岸民众的推动下，仍然朝着缓和、松动的方向发展，因此，在会前沟通中，大陆方面主动向台湾方面建议，两岸专家、人员可以在香港集中并协商立场。然而，在香港等候了一段时间后，台湾方面最终回绝了这一建议。在沟通过程中，金翔龙和出生于台湾屏东的著名国际海洋法教授傅崐成取得了联系并在会前和会议中充分交流了观点，达成了诸多共识。如今，傅崐成也已经奔赴大陆工作多年，现任上海交通大学凯原法学院特聘教授、厦门大学法学院教授、博士生导师,《中国海洋法学评论》主编,也继续和金翔龙保持着密切联系。

在本次非正式讨论会上,人们第一次听到了以金翔龙为代表的中国海洋科学工作者们的洪亮声音。他向大会提出了设立海洋联合观测点、联合开展灾害防护与救生等一系列议案,被大会全盘接受。最终会议形成一个共同声明,向有关各国政府提出6点建议,其中第一条就是"在不损害领土和管辖权要求的情况下,探讨南海的合作领域,如海运、航运和通讯、环境保护和科研、资源管理等";同时,会议还呼吁"在存在相互冲突的领土主权要求的地区,有关国家应考虑互利合作的可能性,包括交换信息和共同开发"。

第三次非正式讨论会于1992年6月29日至7月2日在印度尼西亚的日惹举行。此次会议在共同开发南海资源问题上取得明显进展。与会者一致同意,建立两个工作小组,"在各国政府认可以后,组织联合资源评估和联合海上考察活动"。

根据这次非正式讨论会的决定建立的两个工作小组之一的南海海洋科学研究工作小组首次会议于1993年5月31日至6月2日在菲律宾首都马尼拉举行,9个国家和地区的45名科学家和专家出席了会议。在这次会议上,金翔龙受外交部委托,以团长身份率领中国科学家和专家与会。会议讨论了渔业研究、气象学、生物多元化、非常规能源、信息和资料交换、训练和合作机制等问题，与会者同意召开一次小型的后续会议，起草海洋科学联合研究计划的建议，同意考虑由对南沙群岛提出主权要求的国家和地区派出海洋科学家对南沙群岛进行联合考察。

1993年菲律宾马尼拉南海研究会议，金翔龙任中国代表团团长
（右二为金翔龙）

在这次会议中，金翔龙明确感受到了应对南海争端的复杂性与艰巨性。由于非正式讨论会的主要资金来源是加拿大非政府组织，南海域外势力对会议进程的影响始终挥之不去。金翔龙以高度的政治敏感性和科学家的洞察力，牢牢把握住会议方向与细节。在讨论即将正式发表的会议纪要时，他对文件反复权衡，敏锐察觉到文件将参与各方定性为"南海周边国家"，这使得一直和台湾方面保持沟通的金翔龙一下子警觉起来。他向大会秘书处

提出意见，指出文件措辞错误，应当予以修正，但主办方提出种种理由，不愿意更正。这更加引起了金翔龙的警觉。在反复交涉无果的情况下，他果断拍板，率领中国代表团主要成员全部退场，只留下一个人在会场等候消息。最终，当主持大会的菲律宾外交部副部长出现在闭会新闻发布会上时，他的陈述用词已经改正为"南海周边国家和地区"，这才让中国代表团松了一口气，避免了文件谬误的发生。

1993年金翔龙在菲律宾主持南海问题国际讨论会

这次交涉也让金翔龙和傅崐成发生了交锋。然而会议结束后傅崐成也觉得有些不好意思，专门打来电话请大陆代表团吃饭。金翔龙让团里的科学家们前去赴宴，外交人员则没有前往。

此后，金翔龙赴台湾开会，每次都会和傅崐成见面聊天。在担任一次国际会议的轮值主席期间，再次否决了台方使用"ROC（中华民国）"称号的企图。会议期间，他和傅崐成闲聊，此时李登辉就任台湾当局领导人，台独势力正甚嚣尘上，金翔龙就问傅崐成："你们如此辛苦给'中华民国'争取国际空间、反复申诉大陆对你们恶意打压，可李登辉却一再以消灭'中华民国'为快，你们费那么大劲弄回去的空间，谁给你们用？怎么用？"傅崐成一时无言以对，苦笑不已。

回顾这段历史，长期致力于研究国际海洋法及中国海洋划界争端问题特别是南海问题的北京大学国际关系学院法学博士张良福在其论文中这样评价，"从历次讨论会的内容和进展来看，就共同开发南海资源问题进行协商和合作是历次讨论会的主要议题，目前已取得一定进展，尤以1992年第三次、1993年第四次讨论会以及其间召开的两次专家小组会议最为显著……中国方面的政府官员、专家和学者自1991年以来已经参加了3次讨论会，有助于全面阐述中国在南沙群岛领土主权问题上的原则立场，和有关国家增加交流，加强相互了解和相互信任，找到共识，缩小分歧，消除疑虑和误会，为和平解决南沙争端创造条件……通过参加非正式讨论会，中国方面可以在共同开发南海资源问题上施加影响，使其朝着有利于中国的方向发展。中国可以使讨论会制定的共同开发规则不损害中国的主权权利和海洋权益，可以通过共同开发的方式来克服资金、技术方面的不足；可以阻止其他国家撇开中国，单方面开发南海资源，可以在共同开发的过程中与有关国家密切合作，为和平解决南沙争端创造条件。"

两千多年前，在回答弟子子贡"何如斯可谓之士矣"的问题时，孔子给出了这样的答案："行己有耻，使于四方不辱君命，可谓士矣。"在此后的漫长岁月里，中国人对"士"提出了更多的要求，他们要求"士不可以不弘毅，任重而道远""士见危致命，见得思义""士穷不失义，达不离道"……人们还将国家和士结合起来，创造了一个专有名词"国士"，以此形容那些为国家和民众牺牲奉献的杰出人员。

以此来形容在国际舞台上折冲樽俎的金翔龙，也许再贴切不过了。

第十章
大洋矿产

1873年,一批英国海洋学家正在北大西洋采集洋底沉积物。当沉重的抓斗从海底被拖上甲板时,人们在淤泥之中发现一种前所未见的类似卵石般的团块。剖开来看会发现,这种团块是以岩石碎屑、动植物残骸的细小颗粒、鲨鱼牙齿等为核心,呈同心圆一层一层长成的,像一块切开的葱头。

英国人把"卵石"送进了实验室。经过化验,他们发现这种团块几乎全部由氧化锰和氧化铁组成。此后,他们相继在太平洋、印度洋的各深海区都获取了这样的团块,后来被称为锰结核或多金属结核,而人类也由此开启了深海洋底矿产的勘探开发进程。

蔚蓝的海洋,也是幽深的海洋。为人类的生存提供矿产,也为人类未来的发展提供资源——在人类的海洋勘探史中,海底聚宝盆是随着科考能力的持续提升而一路向纵深处缓缓打开,直到今天也没有真容毕现。

在基岩和砂质海岸带，有各种各样的滨海矿砂；在大陆架，有陆地向海洋延伸的许多矿产——镁、铁、铬、锡、钛、钍、稀土、磷钙石、黄金、金刚石等；在大陆边缘，有丰富的石油与天然气资源；在深海大洋中，则有多金属软泥，大洋中脊附近有热泉喷溢的"烟囱"状热液硫化物矿床；在大洋盆地中，有像铺路卵石般密密麻麻的锰结核，海山表面有富钴结壳……

这是一个从数十米到数千米、甚至上万米，从透明碧绿、到碧波蔚蓝、再到幽深黑暗的宝库，储量丰富，价值巨大。以多金属结核为例，根据中国大洋矿产资源研究开发协会（简称"中国大洋协会"）"十五"资源加工利用项目首席科学家蒋开喜的报告，在水深4 000米至6 000米的海底就含有70多种元素，其中镍、钴、铜、锰的平均含量分别为1.3%、0.22%、1%和25%。有估算认为，全球大洋底的多金属结核资源量达3万亿吨，而且还以每年约1 000万吨的速度增加，仅太平洋的结核量达1.656万亿吨，其中含锰2 000亿吨、镍90亿吨、铜88亿吨、钴58亿吨。位于东太平洋海盆的克拉里昂-克里帕顿两断裂之间的区域则被认为是最具商业开采前景的第一代多金属结核富矿区，约有559亿吨结核量，其中锰155亿吨、镍6.59亿吨、铜5.85亿吨、钴0.96亿吨。

另一种重要的洋底矿产——富钴结壳则主要分布于海山表面，水深一般800米至3 000米，富含钴、镍、铂、稀土等金属，其中钴的平均含量最高可达0.8%～1.2%，是多金属结核中钴含量的4倍，富钴结壳富集区主要在赤道太平洋北部，包括国际海底区域和一些国家的专属经济区。据估算，太平洋富钴结壳资源量为507亿吨至1014亿吨。

第三种重要的海底矿藏——热液硫化物主要分布于大洋中脊和弧后盆地扩张中心，富含铜、铅、锌、银、金等多种金属元素，水深范围从数百米到4000米，以2000米左右水深为主，具有矿体富集程度高、成矿过程快的特点。目前，全球已知的各种类型的热液活动区和热液异常约280个。在巴布亚新几内亚领海内利希尔岛附近的锥形海山是迄今发现的金含量最丰富的热液硫化物矿床。

然而，与价值巨大同样不容忽视的，是大洋资源极高的开采难度与风险。与地球的外层空间相比，深海环境更加严峻恶劣，对深海作业及装备的要求极高。数千米深的海水，可以把钢板轻易压成纸片，作业设备要能承受20兆帕到60兆帕的压力而不变成一团"麻花"；富含盐分和矿物质的海水会造成难以抵御的腐蚀效果，让仪器很快失灵；海水中电磁波传播衰减严重，水下定位困难；海洋环境的风、浪、流构成复杂流场，稍有不慎就会导致人员伤亡、设备损毁；深海大部分地方处于1摄氏度的低温，而热液口的温度高达近400摄氏度，巨大的温差对精密仪器的考验之大，无异于一次"从炼狱到地狱的艰苦旅行"……人类直到今天都在为探索大洋深处的秘密与宝藏付出血和泪的代价，虽然可以将成千上万不同类型的航天器送上太空深处，遥望几十亿光年之外的宇宙星辰，但迄今为止只有屈指可数的深潜器被送到几千米的大洋深处，稍稍撩开那一角神秘面纱。有人甚至感叹，只有势大财雄的"富国""有钱人"，才够资格成为深海与大洋的"游戏玩家"。

事实也似乎真的是这样——从20世纪60年代美国率先开展深海海底矿产资源勘探起，到七八十年代中期全球第一股大洋多金属勘探热潮为止，全球大洋勘探的主要参与者无非是苏联、日本、德国、英国等发达国家，其他个别国家即使参与，其力度和广度也存在一定差距。

但这种态势也很快引起了占全球多数的发展中国家的警觉。一些发展中国家担心在没有法律约束的情况下，西方发达国家利用手中掌握的资金与技术任意占有与开发国家管辖海域以外的海底资源，从而在联合国内提出了调整国际法律关系、建立国际海底区域制度的要求。1970年12月17日，第25届联合国大会以106票赞成、0票反对、14票弃权，表决通过了联合国海底委员会主席提出的一项原则宣言决议，决议宣告国家管辖范围以外的海床洋底及其底土和该区域的资源是人类共同继承财产；1982年通过的《联合国海洋法公约》和相关补充协定则规定，国际海底"区域"的矿产资源开发一方面由代表全人类利益的联合国国际海底管理局通过其企业部直接进行，另一方面由各缔约国及其公私企业通过与联合国国际海底管理局签订勘探和（或）开发合同的方式进行，这就是著名的"平行开发制"。

为确保这一平行开发制度以符合"区域"活动的基本原则和政策的方式进行，《公约》规定了勘探和（或）开发工作计划的审议和核准程序、核准后的工作计划以合同的形式由承包者与联合国国际海底管理局签订等具体措施，并赋予联合国国际海底管理局对"区域"活动行使必要的控制、制订相关规章、并有权检查与这些活动有关的一切设施等权限。1983年3月，根据联合国第三次海洋法会议的决议，联合国国际海底管理局和国际海洋法法庭筹备委员会成立，从而正式揭开了全球国际海域矿产资源开发的新篇章。也就是从那时起，苏联、日本、法国、印度等相继向联合国提出申请，要求成为全球海底矿产勘探的先驱投资者，一时间风起云涌，令这个时期的大洋矿产权益竞争进入白热化阶段。

我国的海洋工作者就是在这股充满挑战与博弈的全球浪潮之中开启自己的大洋矿产勘探事业的。1978年4月，我国"向阳红05"号考察船在南纬6度，东经171度30分，水深4 784米处，采集到了一块两个拳头大小的锰结核地质样品。这块中国从大洋中得到的第一块锰结核，便成了我国大洋国际海底多金属结核调查事业的开端。消息很快传回了金翔龙的耳朵里。1979年，他在出访美、日的考察行程中，也敏锐地注意到对方正在加大对多金属结核的勘探和开采研究力度，美方从深海开采出的黑色矿石给他留下了深刻印象。更重要的是，美国政府在海底资源勘探上表现出的睥睨世界、咄咄逼人的态度更让他感到极大的内心震动——美国自20世纪60年代开始大洋资源调查，从事此项工作的机构不仅有美国联邦地质调查局（USGS）、美国肯尼科特财团（KCON）、海洋采矿协会（OMA）、海洋管理公司（OMI）、海洋矿物公司（OMCO）等一系列企业、机构和政府部门。金翔龙本次参观考察的斯克里普斯海洋研究所、拉蒙特-多尔蒂地质研究所也都投身其中，摆出来一幅"千军万马闯大洋"的架势。事实上，就在金翔龙结束考察后的第三年，美国国家海洋和大气管理局（NOAA）制定深海采矿计划。同年OMA、OMI、OMCO、KCON就分别向NOAA提出了矿区申请，1984年获得NOAA颁发的勘探执照。[1] 这种毫不在意国际海洋法公约、一味追求本国利益的做法令整个世界为之侧目，却又无可奈何。

从美国返回后，大洋矿产问题就进入了金翔龙的视野。1978年至1984年间，随着四艘"向阳红"号远洋综合调查船、金翔龙参与建设的"科学一号"海洋地球物理专业船等先后建成，我国大洋科考也逐步具备了开展系统性勘查活动的能力。1980年4月，"向阳红10"号在参加我国首次向太平洋海域发射运载火箭试验时也在途中采集了一些样品。

---

[1] 引自《大洋矿产资源开发技术发展》，作者蒋开喜、蒋训雄。

第十章　大洋矿产

以此为基础，自1983年起，国家海洋局和地质矿产部相继在中太平洋进行多次大规模的多金属结核调查，在当时国力尚不充裕、先进技术装备相对匮乏的情况下，全国性大协作成为中国追赶发达国家脚步的重要砝码。当时仍在中国科学院海洋研究所工作的金翔龙应相关科考人员的请求，将所里仅有的两台地磁仪全部借出，极大方便了调查活动的进行。

1984年，在金翔龙调入国家海洋局第二海洋研究所前夕，多金属结核试点调查报告验收会在青岛召开，有关部门邀请金翔龙参加会议。验收会审查并通过了报告。也就是在这一年，国家海洋局、地质矿产部、冶金工业部、国家经济贸易委员会、国家科学技术委员会、外交部和中国有色金属工业总公司等7个部委联合向国务院上报了《关于加强大洋锰结核资源调查工作的请示》[（84）国海外字第582号]，提出了"在立足于自己取得第一手调查资料的基础上，争取在1990年前向联合国国际海底管理局和国际海洋法法庭筹备委员会（简称'海底筹委会'）申请一块海底富矿区"的目标，当年8月得到国务院的批准。

1985年，金翔龙正式调入国家海洋局第二海洋研究所。也就是从这一年起，海洋二所逐步成为我国海底矿产勘查的主力军与中坚力量，先后于1985年、1987年、1988年和1990年负责执行了"向阳红16"号大洋多金属结核勘查共4个航次，圈出远景矿区约20万平方千米。其中，1987年，金翔龙再次受国家海洋局邀请，参加了中太平洋多金属结核资源调查报告的评审会。

1990年9月的一天，就在金翔龙为大陆架勘查和我国海洋权益斗争而紧张忙碌地开展各项工作时，国家海洋局和全国矿产储量委员会相关负责人给他打来电话，请他到北京面谈一件重要事情。

金翔龙到了北京。有关负责人向他表示，希望他承担一项重要任务——审查东太平洋区多金属结核矿储量和我国向联合国提出的申请方案。按照此前的报告规划，我国已经准备正式向联合国申请深海矿区，成为国际海域矿产资源开发的"先驱投资者"。而审查报告也就意味着金翔龙将代表中国出席海底筹委会会议，接受联合国技术专家组对我国相关申请的技术审查并作出答辩。

这是一项艰巨的任务。尽管当时《公约》还没有获得更多成员国批准并正式生效，但已经有苏联、法国、日本和印度向海底筹委会提出申请，希望成为先驱投资者。这是一个和平行开发制紧密相关的实体概念。在平行开发制下，为了保护缺乏技术、装备和资金的发展中国家，"平行开发制"中最具特色的安排是所谓的"矿区银行"制度——"保留区制度"，即除企业部外，任何国家或实体向国际海底管理局提出勘探申请（就保留区提出的申请除外）时，需提出两块具有同等估计商业价值的矿区，国际海底管理局指定其中一个矿区作为国际海底管理局的保留区，企业部对保留区的勘探开发拥有优先权；另一块矿区则作为合同区，分配给申请者，由申请者与国际海底管理局签订合同后自行开发。在国际海底区域申请勘探区，前期需要进行大量的海上调查工作，收集相关的数据，以圈定具有资源潜力的目标靶区。相比较而言，保留区是由国际海底管理局在勘探申请者提出的两块区域中选取的一块区域，已经经过了相关勘探申请者的调查，资源潜力是比较确定的。因此，保留区勘探开发的申请者无需再在前期资源勘查上做太多的工作，保留区的价值不言而喻，这对联合国国际海底管理局企业部以及发展中国家及其实体参与国际海底区域的勘探开发尤为重要。

《公约》所创立的保留区制度，得到了发达国家的明确承认，但在《公约》谈判过程中，美国、联邦德国、英国和日本等国声称，这些国家的企业和参加的国际财团已花费很多资金用于海底勘探，正处于可作巨额投资的阶段，要求承认它们的预备性投资，并保证它们享有一定的特权。为此，1982年4月30日结束的第三次联合国海洋法会议通过了《预备性投资决议》。该决议提出了先驱投资者的概念，规定满足一定条件的国家或实体可以申请登记为先驱投资者，有权向联合国国际海底管理局登记一个多金属结核矿区。《预备性投资决议》对先驱投资者提供保留区的义务进行了重申，要求先驱投资者提交的矿区申请应分为估计商业价值相等的两个部分，由联合国国际海底管理局指定其中的一部分作为保留区，留给联合国国际海底管理局通过企业部或以与发展中国家协作的方式进行勘探开发，另一部分分配给先驱投资者作为开辟区。被《预备性投资决议》列为先驱投资者的有法国、日本、印度和苏联等4个国家以及4个国际财团。参加这4个国际财团的所属的国家是比利时、加拿大、联邦德国、意大利、日本、荷兰、英国和美国。这样，根据《预备性投资决议》，列为先驱投资者的共有11个国家，毫无意外都是西方发达国家。我国政府于1990年8月向海底筹委会递交了30万平方千米中国多金属结核申请区，成为全球第五个提出申请的国家。

1990年的中国，还是一个GDP刚刚接近1.9万亿元人民币并排全球第八位、外汇储备才接近111亿美元的发展中大国，人们根本无法想象仅仅在25年后中国就可以成长为全球第二大经济体。在当时出版的一份国情读物中，人们用《红楼梦》里那句"大有大的难处"来形容当时的复杂局面，但这份读物同时也以一种豪迈的气魄表示，"大也有大的好处"，"一盘大棋，既然已经占边据角，面对强壮外势的压迫，真正的高手就不会回过头来做眼，他的目光，将始终盯在拼杀的中盘。这就是今天的中国。越是悠久的历史越显得辉煌，越是艰辛的现实越值得奋斗，越是灿烂的未来越令人憧憬。"

金翔龙也决定把目光投向全球海底矿产权益争夺的"中盘"。作为一名中国自己培养的海洋地质学家，他清楚地认识到将大洋矿产开发的主动权握在自己手中，这将是影响深远、泽被后世的关键性一步。尽管国际海域矿产资源的开发还存在多种不确定因素，但是商业开采只是时间问题。一方面，越来越多的国家，特别是印度、巴西等进入工业化发展阶段，对金属的需求快速增加；另一方面，金属矿产资源不可再生，特别是易处理的富矿越来越少，在市场需求和资源开发技术进步的双重作用下，一些曾经是难处理的低品位矿可以被较好地利用，如低品位铜矿、含镍红土矿等，但开发利用成本也越来越高；此外，科学技术的发展最终也必然会给深海资源的开发提供出路——中国这样一个人口众多、资源需求旺盛的大国，必须成为先驱投资者，可以主动选择自己看好的矿区，而绝不能等待国际社会的"施舍"，将宝贵矿藏拱手让出。中国不能再重蹈当年错失大航海时代的致命错误了！

但金翔龙也同样心存顾虑。在此之前，他并没有完整做过此类报告，全国也没有先例可供参照。他必须综合国家海洋局第二海洋研究所积累的勘查资料和地质矿产部广州海洋地质调查局执行的4个航次勘查资料，先划出最有可能蕴藏丰富矿产的区域，再将其分成"对等"的两块并通过联合国专家组的严格审查；同时，由于各国的矿区申请不可避免地会出现重合情况，国际海底管理局要求申请方必须自行协调好矿区重叠矛盾和争议，否则将对申请不予批准。3项任务中稍有差池，就意味着数十亿甚至数百亿、数千亿美元的巨额损失，敢问谁不战战兢兢、如履薄冰？

反复斟酌中，国家海洋局副局长、主持我国海底资源勘探和大洋矿区申请工作的陈炳鑫给金翔龙打来电话，动员他奔赴纽约，在联合国的舞台上为祖国"冲锋陷阵"。多次作为中国代表团团长或副团长出席联合国国际海底管理局筹备委员会会议和国际海底管理局会议的陈炳鑫说："老金，你不如在天津多待几天，好好整理一下资料，把这事拿下！"

金翔龙抵达天津。这里已经组建了一个团队，在进行报告的编写和审查。他迅速投身进去，用了不到一个星期的时间，完成了对所有资料的熟悉和掌握。1990年12月，他和广州海洋地质调查局副总工程师梁德华等人一起飞赴纽约，作为主要技术专家代表我国接受联合国对我国东太平洋矿区申请的技术审查。

20世纪90年代，于美国纽约中国领事馆楼顶

第十章　大洋矿产

这是一次为期1个星期的艰苦战斗。会议由联合国副秘书长、负责联合国海洋事务和海洋法办公室工作的南丹主持，中国答辩团队被分成两组，金翔龙带着一批人员在一栋建筑内负责技术答辩，另一组人马则在另一栋建筑内解决矿区重叠问题——由于需要和8个国家协商，中国专家们戏称自己是在和"八国联军"作战，而金翔龙在完成了自己的答辩后也"客串"相关工作。

第一天答辩，来自13个国家的专家悉数登场。其中，中国专家张炳熹的出现让金翔龙精神一振。这位著名的中国地质学家是金翔龙的老师，1984年、1992年连续两届任国际地质科学联合会副主席，不论是在学术领域还是在业界都具有很高的威望。结束简单的仪式性致辞后，金翔龙作为第一位答辩人员登台演讲，他没有要大会安排的翻译人员，而是自己全程使用英语推介中国的方案，详尽介绍了我国太平洋勘探区申请的面积与位置构想、采用的调查手段与船只、勘探程序和进度、矿区选定与划分的原则。在结束陈词时，他诙谐地说："中国的申请方案在具有相等商业价值的含义上是个最佳选择，诸位专家在检验与计算后一定会发现，我的这句话是真实的。"这句含有几分调侃意味的话语引起了现场的哄堂大笑，事实上可以肯定的是，这些专家们也早已被谈判进程中的利益纠葛持续烦扰了很久。金翔龙向台下望去，看到老师张炳熹也在点头微笑，不由得松了一口气，心中备受鼓舞。

但上午的平静很快被下午的激烈交锋所打破。法方委员和金翔龙是老熟人，他向金翔龙询问，中方是用何种设备完成的海底地形测量。金翔龙告诉他是测深仪，这位委员紧跟着询问，开角是多少？金翔龙一下子愣住了，这个细节在此前的资料准备中没有提及。好在他有着声学背景，对测深仪并不陌生，依据海图上的水深迅速倒算出答案并获得认可；然而德方委员却没有那么容易对付，他指着海图上一处标记问到，为什么此前法国勘查结果将这里的地形标注为西北向，而中国的勘查结果则标明为东北向，究竟谁对谁错？

金翔龙迅速观察了一下海图，意识到这里的确存在问题。但这不是学术讨论，在答辩会上，如果坦诚承认错误，将会对后续的谈判造成难以挽回的后果。他不但不能认错，反而必须把这个错误给"圆"回去。

灵机一动，金翔龙将人们带到悬挂在会议室里的太平洋海图前，指着夏威夷群岛问："这些岛是什么方向的？"

德方委员回答："西北走向。"

"对的，夏威夷岛是怎么形成的？是不是由于夏威夷大岛下有热柱不断喷发，导致板块向西北方向不断移动，拉出一条横嵴形成的？"

"您说得对。"德方委员回答。

"那你看东南方向还有没有热点？"

"没有啦。"

"那就对了，我们就是在这个东南区域，不服从这个西北走向的规律。"金翔龙说。

德方委员顿时无语。金翔龙又打赢了这场对垒。

然而，第一天的答辩结束后，中国的申请方案未被认可。必须依靠商业营利运营的国际海底管理局企业部提出，中方提出的保留区的价值和中方自有区域的商业价值并不对等，要求中方调整。金翔龙说，中方提出的建议是最符合对等原则的，但如果企业部坚持认为需要调整，我们可以调整给你们看，究竟彼此的方案孰优孰劣。

撤回酒店的金翔龙手边只有一台计算器。他把自己一个人闷在房间里开始疯狂地计算，一直计算到凌晨3点，拿出了新的数据和方案。随后他拿出剪刀和糨糊，按照计算好的数据将图纸咔嚓咔嚓剪开，用最原始的方式完成了复制、粘贴和重组，贴出了一份新的方案图。做完之后他叫醒团员毛彬进行进一步的润色，自己则抓紧时间短暂休息了3个多小时，早餐后又赶往联合国秘书处，请秘书们将新完成的材料复印成册，再返回国际海底管理局的会议室进行新一轮答辩。

就这样周而复始，每次答辩会都有人提出不同意见，中国代表团一共拿出了5份矿区分配方案。最大的争议变成了15万平方千米的矿区面积是否合理。有人就向金翔龙等人提出，为什么其他国家都是申请7.5万平方千米，而中国就要申请足足多出1倍的面积？

"中国是后来者，我们来得晚，富矿区都被挑走了，我们只在一些边边角角的地方工作，应当给予我们更大的挑选权利。"金翔龙说。

但作为会议主持者的南丹并不认可金翔龙的说法。他提议进行私下沟通。金翔龙一口答应。在回应南丹的质疑时，他再次重申了中方的理由和意见，并且明确提出，印度在印度洋的矿区申请同样是15万平方千米，而联合国此前已经同意了印方的申请，为什么印度可以而中国不可以？

南丹语塞。第二天，他向中方代表团团长陈炳鑫提议再次私下沟通。金翔龙告诉陈炳鑫，由自己来对付南丹，于是这场3人对话再次变成了金翔龙和南丹之间的交锋，双方互相辩驳。但随着时间的推移，金翔龙觉得自己获胜的信心在不断增强。

到了周五，在完成答辩后，金翔龙再次退出了会议室，联合国方面开始闭门讨论。他决定趁这个机会去观摩一下联合国数据中心，考察一下那里的计算机和数据库使用状况。在他返回的时候，金翔龙发现人们正在到处找他：金，恭喜你，你们通过了！你可以进去签字了！

金翔龙走进了会议室，相关报告和协议已经打印出来，标明了详细的经纬度数字。太平洋国际海底区域内的15万平方千米多金属结核开辟区现在已经静静等候着中国科考船和中国海洋工作者的到来,十余年的持续努力就在这一刻从梦想变成了现实!

金翔龙一页一页签完了字。在仪式结束后,一位翻译问他,是在美国哪里留学的?他笑着回答说,自己是在"家里蹲大学"学习的英语;去秘书处告别的时候,工作人员围上来问他是否会去参加联合国国际海底管理局即将在牙买加召开的会议,他说,不去,那是政治家们的事情,我们科学家已经完成了任务。然而没有想到的是,不久之后他就出现在牙买加首府金斯敦的街头,并且每年都要去。

在归国的飞机上,金翔龙一觉睡到了上海。

1991年3月,也就是金翔龙"纽约奋战"之后的3个月,中国的申请获得了联合国国际海底管理局批准,使我国成为国际大洋多金属结核资源开发第五个先驱投资者。

"八五"和"九五"期间,国家海洋局第二海洋研究所和广州海洋地质调查局共执行了10个航次,分别于1996年3月和1999年3月完成了开辟区30%和20%的放弃义务。最终为我国在太平洋CC区获得具有专属勘探权和优先开发权的7.5万平方千米多金属结核矿区,可满足年产300万吨干结核、开采20年的要求。

如同鼓满了风帆的帆船一样,中国的大洋科考事业从此就驶入了前所未有的快车道。2001年,中国大洋协会与联合国国际海底管理局签订《多金属结核勘探合同》,在东北太平洋国际海底区域获得7.5万平方千米具有专属勘探权和优先开采权的多金属结核勘探合同区；2011年，中国大洋协会与联合国国际海底管理局签订《多金属硫化物勘探合同》，在西南印度洋国际海底区域获得1万平方千米的多金属硫化物勘探合同区。

2014年，中国大洋协会与联合国国际海底管理局签订《富钴结壳勘探合同》，在西北太平洋国际海底区域获得面积为3 000平方千米的富钴结壳勘探合同区；2015年，中国五矿集团公司作为申请主体，提出的多金属结核勘探要求获得国际海底管理局批准，在东北太平洋国际海底区域"保留区"获得近7.3万平方千米的多金属结核勘探合同区。

这些勘探合同都是在众多大洋工作者搭载"大洋一号""海洋六号"等科考船舶开展大量海上调查，付出艰辛努力的基础上获得的。这些勘探合同既是我国大洋工作成绩的见证，也是给金翔龙等我国海洋先驱者最好的奖赏。

第十一章
沉着应对

　　1991年，我国正式启动第八个国民经济和社会发展计划。在"八五"计划中，"大洋多金属结核资源勘探开发"被列为国家重大专项，由国家海洋局负责组织实施。刚刚从纽约胜利归来的金翔龙成为这一专项的主持人。他的任务就是在我国15万平方千米的登记矿区里圈定下阶段勘探目标区，进而为最终圈定7.5万平方千米的富矿区奠定坚实基础。完成这一任务，也就意味着我国正式迈入了大洋勘探开发的全球先进行列。

　　然而，就在这个紧要关头，一个噩耗传来——承担我国大洋科考重任的"向阳红16"号科学考察船在前往太平洋执行海底多金属矿藏资源调查任务途中，于1993年5月2日凌晨5时5分在东海海域与塞浦路斯籍"银角"号货轮相撞，不幸沉没。全船110名船员和科技人员中有3人下落不明，我国海洋科考事业遭遇重大挫折。

　　"向阳红16"号是1981年由上海沪东船厂建造的，排水量

4400吨，隶属于国家海洋局东海分局。这艘船系钢质结构，双层连续甲板，采用双柴油机推进，以线条优美、设备先进、条件舒适著称，最大航速19节，续航力达1万海里，抗风力12级。1988年，该船对动力系统和电子系统进行了大规模改装，1992年11月至1993年4月为执行大洋多金属结核调查任务，再次进行了较大规模的改装，新增了先进的通讯导航设备以及海洋各学科的实验室和先进仪器设备，可在除极区以外的大洋海域进行海洋综合科学考察研究工作。自建造以来，该船5次赴太平洋进行多金属结核资源的考察任务，并多次在我国近海执行海洋科考工作，是国家海洋局40余艘海洋公务船中的"骨干"。

可就是这艘被寄予厚望的"骨干"科考船，最终"出师未捷身先死"，令人扼腕浩叹。根据事后调查和当事人回忆，1993年5月2日清晨，浙江舟山群岛海域薄雾缭绕，海面像蒙上了一层面纱。这个季节正值冷暖气团在东海交汇的时期，海雾阵阵由南向北袭来，整个海上雾气蒙蒙，能见度极差。此时，"向阳红16"号为执行大洋海底多金属结核资源调查任务，刚于5月1日从上海港启程前往太平洋中部的夏威夷预定作业海区。当考察船5月2日凌晨5时5分行驶至北纬29度12分，东经124度28分海域时，一艘3.8万吨的塞浦路斯籍"银角"号货轮，从侧面向"向阳红16"号船右舷撞击，该轮巨大的船鼻如一把利斧插入考察船的机舱，瞬时机舱进水，主机失去动力。剧烈的震动使船舱里的物品纷纷落地，船上所有的人都被惊醒了!随后，"嘎、嘎"的钢板撕裂声让人惊心，紧接着更剧烈的震动发生了!此时船上的报警信号铃只响了两声就中断了。5分钟后，海水向船舱猛涌，船只开始加速倾斜，以极快的速度下沉，在确定船只无力自救时，船长发出了"弃船"的命令，大家迅速往海里施放救生艇，由于右舷已严重变形破损，悬挂在这里的第二号和第四号救生艇已撞坏，无法使用，人们赶到左舷，用太平斧砍下了第一号和第三号救生艇以及两个橡皮救生筏。5点25分船长最后离开了考察船，与其他106名船员和科考人员登上了救生艇，5点37分全体人员默默注视着为我国海洋科学考察事业做出巨大贡献的"向阳红16"号考察船船尾向下、船头朝上，急速地沉没在东海。从被撞到沉没总共30多分钟。6时50分获救的107名船员和科技人员全部登上"银角"号轮，而住在直接被撞部位舱室的三位人员下落不明。

事故发生后的5月2日上午8时50分，刚完成"勘探二号"拖航任务、停靠在浦东外高桥救助码头的远洋救助船"德意"轮接到上海救捞局的紧急通知，要求速去接应"向阳红16"号船遇险人员。9时25分"德意"轮同"银角"号取得联系，得知对方船位在北纬30度24分01秒，东经120度47分09秒，但拒绝改驶中国港口，仍朝东北方向航行。"德意"轮全速追赶，于5月2日23时10分驶近"银角"号，最终经反复交涉，在海上煎熬两昼夜的我国"向阳红16"船人员才分批回到"得意"轮上。5月5日9点30

分，"德意"轮返回上海国家海洋局东海分局码头，107名遇险人员全部安全抵达。国务委员宋健代表国务院发来慰问电表示亲切慰问，并向3名遇难人员表示深切哀悼。

金翔龙是在5月2日凌晨接到朋友从上海打来的紧急电话的。事实上，五一劳动节前后，整个国家海洋局第二海洋研究所都还沉浸在联合国批准中国矿区申请的欢乐气氛之中。作为中国大洋科考事业的中坚，海洋二所有一大批科学人员随"向阳红16"号启程前往太平洋任务区。意外的发生让金翔龙大吃一惊，他开始想办法核实消息。1个小时后，他从广播"美国之音"中收听到了英文消息，证实了事故的发生。

此时，国家海洋局第二海洋研究所的所长出差在外，科技处负责人是第一次遭遇这种重大事故，一时不知如何处置。金翔龙赶回办公室临时指挥部署，要求尽快和北京取得联系，弄清情况并请国家海洋局做出指示；同时，他得想办法稳定全所干部职工的情绪——家人、同事、朋友如今生死未卜，消息一旦扩散，很可能引发后续意外。

电话打到国家海洋局指挥中心，局长严宏谟正在那里亲自坐镇指挥。我方报务人员是在5月2日清晨7时许，通过"银角"号货轮的通信装置拨通了国家海洋局东海分局的电话，报告了船只沉没的消息。严宏谟将这一噩耗转告金翔龙，这让金翔龙更加担忧船上人员的安危。

第十一章　沉着应对

"人怎么样了？"他用嘶哑的声音问。

北京方面答复说，现在看起来没有出现大规模的伤亡情况，绝大部分遇险人员已经抵达济州岛附近，我国船只也已经出发前去接载他们返程。那时，人们还不知道有3名船上人员已经失踪。

这些消息让金翔龙的心略微稳定了下来。作为大洋科考项目的总负责人，少一个人都宛如挖掉了他身上的一块肉。挂断电话后他立刻要求动员全所，挨家挨户走访通报情况，必须连夜告知家属人员平安；同时，所里也着手安排车辆前往上海接遇险人员回家。

5月5日，遇险人员抵达上海后，等候已久的工作人员迅速把他们接上了回杭州的大巴。码头上没有欢笑，没有鲜花，只有沉默与含泪的拥抱。在返回杭州途中，回顾遇难经历，很多人情绪十分激动，不少人哭出了声音，有人下车时腿还发软。

这次船难对海洋二所的整体影响几乎是致命的，全所的高精尖设备损失惨重，其中特别为这次考察带上的深海海底照相机也未能抢救出来；更重要的是，那些凝聚着他们无数心血的考察计划、研究课题等技术资料，也都随考察船一起沉没大海，即将开展的一系列勘探任务计划已经被彻底打乱，承担联合国国际海底管理局委派的全球培训任务也可能无法履行，换言之，如果处理不当，刚刚开始的15万平方千米的矿区勘探工作就可能化为泡影，中国的先驱投资者计划将受到重大挫折。

有人提议"临阵换将"，让别的机构顶替海洋二所承担接下来的勘查任务。面对巨大的压力，金翔龙代表海洋二所站了出来。在长沙召开的相关会议上，他和具体主持大洋矿产科考任务的陈炳鑫商量，当场立下军令状：绝不掉链子，1年以内恢复力量，重上征途！

赶回杭州的金翔龙进门就对全所说了一句：放下所有工作，想办法改造1条船，在1年内重新出发！

整个海洋二所都憋起了这口气。在国家海洋局的支持下，"向阳红09"号被调到舟山进行改造。金翔龙多次奔赴船厂指导工作。1年以后，崭新的"向阳红09"如期出现在公众面前。中国大洋科考再次出发了！

1994年4月，"向阳红09"号船受命于危难之时，执行我国大洋多金属结核资源勘探DY85-4航次，即我国"八五"计划期间大洋考察第4航次任务。DY85-4航次总计航时4 572小时，总航程3.6万海里，相当于绕行地球1.7圈。该航次时间之长，航程之远，刷新了国家海洋局系统的最新纪录。

新华社记者张奇志和中国海洋报记者陈荣发联合采写的长篇通讯《为了重返太平洋》回顾了这段惊心动魄的历程。

船沉了，人还在，大洋多金属结核考察的事业还在！

只要国家需要，下次出海我们还要去！

第十一章　沉着应对

　　海上惊心动魄的生死遭遇还历历在目，科学家们面对大海发出了铮铮誓言。

　　沉船的当月，国家有关部门做出了恢复考察航行的决定。

　　刚从死亡线上回来的科学家们义无反顾地投入到了紧张的复航准备之中。复航，谈何容易。虽然国家海洋局决定用性能相同于"向阳红16"号的姐妹船"向阳红09"号续航，但原装备在"向阳红16"号上的锰结核考察专用设备、仪器及资料都没有了。要在不到1年的时间里，补充上千万元的设备，从采购、生产到安装、调试，其工作量之大难以想象。项目总负责人金翔龙，这位曾为我国获得锰结核的先驱投资者资格做出贡献的科学家，凭着手中仅有的几份国外交流资料，重新制订了去年和今年两个航次合一的新的总体设计方案。考察队队长、研究员华祖根不顾年龄已大、身患高血压病等情况，毅然挑起选购仪器的重任。为了既能保证原有设备性能，又跟上国际发展水平，使新设备跨上一个新台阶，他查阅了数百万字的外文资料。有时一个设备的型号、性能白天没有查找到，半夜里突然记起，他立即从床上跃起，扑到书桌上……

　　许多考察队员既是科研骨干，也是家庭主心骨。副队长陈建林虽然今年3个孩子都要升学考试——一个考大学，两个考高中，但他却要忙于复航工作，无暇问及孩子的学习。有人对他说，算了，你这次不要出航了，留在家里吧。可他却回答，为了重返太平洋，顾不得了。

国家海洋局第二海洋研究所副所长眭良仁，仍将担任新航次的首席科学家。几乎参加了每次考察航行的眭良仁，今年57岁了，是考察船上年龄最大的一位。他告诉记者，为了把去年的损失夺回来，新一次海上考察的时间延长了两个月，总计要240天。

240天，在海上工作和生活，那将是什么滋味？

首先是身体上的累。船在大洋上，就像树叶漂在水面上，摇摇摆摆的，有时要倾斜几十度。躺着一动不动也不舒服，何况还在工作。比如，在晃动情况下去看显微镜，这是轻松活了。还要干码头工人那样的体力活，要搬动几百公斤的仪器，要打捞海底物质，等等。其次要躲避台风、飓风等自然灾害。船在大洋上工作，离最近的岛屿都要开3天3夜。

还有，千万不要生病。虽说也配备医生，但总不能跟医院相比。一名队员得了盲肠炎，后来竟导致整个腹腔发炎。美国派了一架直升机帮忙把病人运到火奴鲁鲁才得救。

另外，生活单调，看不到电视，缺少娱乐设施。

远洋科学考察，不仅仅需要科学家有强健的身体，更要有坚强的意志力、使命感、奉献精神。

即将赴青岛试航的眭良仁说出了全体队员们的心声：面对祖国这一跨世纪的、为子孙万代开发财富的工程，我们没有别的选择。

第十一章 沉着应对

随着"向阳红09"号的启用,在金翔龙的指挥下,"八五"期间,我国在东太平洋海域进行了大规模的大洋多金属结核矿区环境与资源勘查,获得包括地形、沉积、水文气象、海水化学、海洋生物、海洋初级生产力以及结核资源在内的宝贵的第一手资料,并取得一系列重要发现。

在金翔龙的主持下,我国科考队伍还系统调查了海底地形地貌、海底沉积物、海洋水文气象、海水化学、细菌作用、初级生产力、浮游动植物和底栖生物生态等海洋背景,为海底集矿机和洋底开采工程的设计提供了重要的工程力学参数,为评价深海矿产资源勘探开发活动的环境影响、确定矿区的海洋环境基线和建立保全参照区积累了海洋学和环境基线的重要资料。

他郑重指出,深海蕴藏着极为丰富的资源,几乎还未得到开发,扩大人类生存空间的重要推进就是向深海扩大活动,增加深海矿产资源的开发,这对于整个人类的生存是一项具有深远意义的战略行动。但深海矿产资源的开发必然会对海洋环境、海洋生态系统和食物链产生影响,并波及海面之上的大气和陆地。深海开发并非是一种局部的区域性行为,而是全球性的行为,"牵一发而动全身",它将影响到地球上生物和人类的生存环境,如开发不当,则对于脆弱的深海海底环境甚至会造成灾难性的后果。人类在大规模开发深海之前,就应深切关注深海开发可能带来的负面后果,防患于未然,保护好脆弱的

"地球村"。

就在"向阳红09"起航的同时，金翔龙开始正式履行国际培训义务。这一任务起始于1991年，即在完成中国矿区申请的技术答辩后，金翔龙就被联合国国际海底管理局正式聘请为培训专家组成员，负责审查各先驱投资国的大洋培训方案，并监督其培训进程和为联合国挑选合格的培训人员，储备联合国大洋矿产勘探、环境、开发、采冶与管理方面的人才。对于全球多数发展中国家而言，这种培训是提升自身海洋科考能力、掌握海洋权益维护主动权、参与大洋矿产"平行开发制"的必要前提，而作为全球最大的发展中国家，中国能否像一些发达国家那样提供高水准的大洋科考培训，也备受关注。

1993年参与举办国际深海采矿管理培训班（左一为金翔龙）

第十一章 沉着应对

1993年10月4日，在紧张的"向阳红09"号改装过程中，国际培训活动也在杭州西子湖畔悄然展开了。来自中国、韩国、塞舌尔、肯尼亚、印度、沙特阿拉伯、泰国和安曼等8个国家的13位学员走入培训基地的一刻，每个人都感到眼前一亮：不仅给他们安排了良好的生活、学习环境，还特别贴心地给他们每人安排了一辆自行车。这次为期1个月的国际深海采矿管理培训班是国际海洋学院院长鲍杰丝亲自委托金翔龙安排的，合作对象是坦桑尼亚前总理、联合国国际海底管理局筹备委员会前主席瓦涅欧巴博士。金翔龙殚精竭虑，专门安排相关大学参与此次培训，实行全英语授课，同时根据全球最新科研成果编写教材。瓦涅欧巴和金翔龙分别担任班主任和中方班主任。

1992年国际海洋学院培训班参观"向阳红10"号考察船
（右二为金翔龙，右三为瓦涅欧巴）

这是一次阵容空前强大的培训班。各专题讲座分别由来自中国、坦桑尼亚、古巴、印度和法国的专家讲授。其中，瓦涅欧巴讲授了海洋法、海洋科学研究与发展、企划部的章程和管理体系、大陆架界限委员会等问题；来自古巴的联合国技术专家组成员L.PREVAL则讲授了联合国海底管理局筹备委员会的成立，先驱投资者的注册，先驱投资者的义务，企划部第一个矿区的地理位置、地质地貌以及除锰结核以外的其他资源和海洋环境，对这个矿区进行勘探的合作计划以及所采用的技术分析，深海采矿技术的发展、勘探、采集、运输、处理系统等课题；上海交通大学朱继懋教授主讲的内容为海洋基本知识，海底资源，海底地形，海水化学成分与物理特性，水下光学和声学，洋流，水下技术、潜艇水下技术与发展、潜艇分类与应用技术以及其他水下设备等；印度的K.SAIGAL博士主讲了海底采矿经济学与发展前景投资评价、在不稳定条件下的项目准备、项目资金预算、与技术获取战略有关的远景预计方法、项目选择与管理体系、高尖项目管理等内容；我国大洋科考专家金建才和国家海洋局专家蒋逸航主讲了中国在深海采矿项目中的行动与计划、海洋环境与国际合作等课题。学员们分别就在南北、东西合作情况下企划部可采用的工作模式、企划部可采用的技术选择有关共同发展技术和环境影响的5年综合计划等专题进行了讨论。此外，培训班还被安排至上海和北京进行参观考察。培训班的课程安排紧凑，学员学习紧张而有序。在培训班结业时汇集成册的各学科小组提交的小组讨论报告和学员的个人学习报告，成为了该培训班的重要成果之一。

1年以后，从这次培训班的经验出发，国家海洋局与国际海洋学院签订了合作备忘录，依托国家海洋信息中心，建立了国际海洋学院—中国业务中心，2010年在中国业务中心的基础上成立了国际海洋学院—中国西太平洋区域中心（简称"IOI—中国西太中心"）。经过多年的努力与发展，该中心已成为我国对外海洋合作与交流的重要窗口之一。中心仍然延续金翔龙在培训班上开创的教学模式，在2015年举行的为期3周的第三期海洋管理培训班上，围绕《联合国海洋法公约》、国际海底开发制度、蓝色经济、海岸带综合管理和海洋环境保护等领域，10余名国内外相关领域知名专家为来自泰国、印度尼西亚、柬埔寨、马来西亚和中国的学员们授课，同时穿插实地考察和学术交流讨论。至此，中国已经成为全球大洋矿产勘探与采冶人才培养的重要基地。

在培养海外人才的同时，金翔龙也进一步加快了国内年轻海洋地质科学家的培养步伐。"学科的发展依靠人才队伍的拉动。"从调入杭州工作的那一天开始，他就默默培养起了后备人才。他大力培养研究生，专业涉及海洋地球物理与海底构造、海洋地质、海洋矿物、海洋地球化学、大洋矿床和模式识别与图像处理等领域，累计培养硕士、博士、博士后50余名，不断为中国的海洋事业注入新的力量。如今，他们中的很多人已经走上各级领导岗位和重要的科研岗位，在中国海洋事业中发挥出中流砥柱的作用。

1988年，方银霞进入浙江大学地球科学系就读。初中时，她无意中邂逅了BBC的纪录片《地球的奥妙》和《生命的奥妙》，让她对地球和生命产生了浓厚的兴趣。本科毕业的时候，成绩出色的她准备报考研究生，国家海洋局第二海洋研究所就是在这个时候进入了她的视野。

在没有提前联系导师的情况下，她选择了金翔龙作为报考对象——在此之前，作为浙江大学的兼职教授，金翔龙曾经多次为她和她的同学授课，她对这个性格爽朗、声音洪亮的老师有着很好的印象。

面试那天，方银霞做了充足的准备，但金翔龙的第一个问题就让她愣了一下："你为什么要选择海洋作为学习方向？很辛苦的，要晕船的！"

方银霞已经不记得自己是怎么回答的了，但是金老师对学生的这份体贴照顾在随后的日子里，一直都让她如沐春风。被录取后，她被金翔龙特意舍近求远安排到了南京大学就读1年的选修课，事后才知道，这是不想让她在熟悉的环境里过于安逸。南京大学1年的学术锻炼拓展了她的视野，让她受益匪浅。

出海的事则在很长一段时间里都没有排上方银霞的学习日

程——事实上，作为海洋大家，金翔龙一开始竟然坚决反对这些年轻的学生早早出海。他不希望学术根基还不扎实的学生仅仅为了争取出海补助，就在毫无科研思想的情况下登船和科考，这意味着在大半年的时间里，他们将只能在科考船的后甲板上扮演一个拉绳、看仪表的角色，对自身的成长和成才毫无益处。

"金老师不希望我们变成纯粹的'打工者'。"方银霞说。

1993年的5月，"向阳红16"号科考船发生事故沉没。事发时，方银霞正在南京学习，得知海洋二所的几乎全部调查家底都随船沉没海底时，相当震惊。

好不容易熬到假期，急急忙忙赶回杭州的她在走进金翔龙的办公室时还在想，沉船事故对海洋二所的前途影响究竟有多大？刚刚承接的国家任务还能不能如期完成？自己的未来又是否会发生变化？

在办公室里，金翔龙迎接了弟子的忧虑和不安。当时，他正忙于沉船的事故后续处理和新船的建造工作，只有很短的时间可以和方银霞进行交流。

"咱们两三年内能东山再起吗？"方银霞问。

"用不着，一年时间，就能重振咱们的大洋科考事业。"金翔龙说。他给这位女弟子简简单单剖析了一下当下的形势和自己筹划的工作进度，短短十几分钟，希望就在方银霞的心中再次被点燃了。

以前的学长曾经和她说过,金老师的办公室就是个神奇的"转换间",师兄师姐们垂头丧气地进去,不到几分钟,就能意气风发地出来,斗志重燃。

这不是传说,这是真的。方银霞想。

1年以后,改装完毕的"向阳红09"汽笛长鸣,踏上征途。金老师,绝了!

第十二章
经略海洋

1997年，金翔龙当选中国工程院院士。此时，他已经被视为我国海底科学（海洋地质—地球物理科学）当之无愧的奠基人之一。

中国工程院是中国工程科学技术界的最高荣誉性、咨询性学术机构。根据章程，在工程科学技术方面做出重大的、创造性的成就和贡献，热爱祖国，学风正派，品行端正，具有中国国籍的高级工程师、研究员、教授或具有同等职称的专家（含居住在香港、澳门特别行政区和台湾省以及侨居他国的中国籍专家），可被提名并当选为院士。

根据章程和当时的推选规则，多个全国性学会和国家海洋局都向中国工程院推选了金翔龙。在其后的严格审议过程中，金翔龙以高票获得通过，当选为院士。

中国工程院在其官方介绍中特别指出，金翔龙对我国海底科学的"创建和发展做出过重要的开拓性贡献，（他）长期致力于我国边缘海的海底勘查与研究，开辟学科的新方向和研究的新领域"。

金翔龙在中国工程院参加院士投票

在金翔龙的挚交榜单上，刘光鼎院士永远排在最前列。这位被他们尊称为"教官"的著名地球物理学家1948年就参加革命，新中国成立后，他从北京大学出来后就一直在北京地质学院任教，随后致力于新中国的海洋石油勘探，为中国的海洋与地质事业做出了不可磨灭的贡献。也正是因为工作领域的交叉与重叠，他曾和金翔龙多次搭档，在海洋石油、大陆架等领域开展紧密合作。

擅长书法和诗词、几乎每天都打太极拳的刘光鼎好酒，爱看金庸小说，人称"侠客"，这两大爱好偏偏又和金翔龙"合辙押韵"。两个人都在家中藏有整套的金庸全集，又都生性豪爽，于是像《射雕英雄传》里那种"代考徒弟"的桥段也免不了上演过几次，成为国内海洋地质学界流传的故事。

一次刘光鼎要招考一名女博士，面试时就专门请金翔龙过去北京"代为考察"。当晚，金翔龙请来了陈颙院士夫妇等，来了场"煮酒论英雄"。席间话题从专业延伸到金庸小说，看上去娇弱的女孩对答如流，金翔龙随即给刘光鼎答复：这就是你的弟子！

2008年1月20日金翔龙院士参加阳凡林博士后出站答辩

替别人"考"徒弟如此，金翔龙"收徒"的时候，刘光鼎也会亲自上阵。于是海洋学界里就流传说，要从这两位院士手里毕业，论文要毕业，酒量也要毕业。

"有点夸张。"国家海洋局海底科学重点实验室主任、党支部书记方银霞听到这句话后笑着说。这位跟随金翔龙20余年、悉心研究海底科学的女研究员说,对于学生们来说,金老师最吸引人的不是酒量,而是一手调酒的绝活。

"比如南极的万年坚冰。"她说。在金翔龙办公室的冰箱里,最下面一层就放着几块从南极冰架上带回来的冰块。这些经历了几万甚至几百万年漫长时光的冰块在灯光下散发出蓝色的幽光。远赴南极考察的学生们将这些冰块带回国内用于分析和实验,学术项目结束后,剩余的冰块会被送到金老师这里——坊间一直有传说,因为溶解了几百万年的地球空气,南极冰块在融化的过程中,会释放出一个一个的气泡,轻微的噼啪声成为它最明显的标志。于是,这些冰块成了金翔龙学生们最珍视的"办公用品"之一,一次办公楼突然遭遇停电,学生们第一时间想到的是如何保护这些"实验剩余物资"。

"他们还专门打电话给我,报告说'冰块没事',大家都很欢乐。"金翔龙说。

和一般人的观点不同,金翔龙的调酒单里,包括了传统的中国白酒。浓香的五粮液,酱香的茅台,都可以调,但最适合调的是清香的汾酒,掰下一小块冰块,绵甜的口感会被激发得更加充分,几乎可以和一些国际酒种"以假乱真"。

浙江诸暨的同山烧,是另一种被金翔龙"发现"的传统中式白酒。同山烧虽然是一种白酒，却因其独特的酿造工艺，酒色红润，倒在杯中，恰如红玉入樽，因此，也享有"酒中君子"之称。因为以诸暨特有的高脚拐糯高粱为原料，酒质清澄，口感甘冽，加上冰块调制以后，品尝起来和威士忌有异曲同工之妙。

"喝酒这事我也要自己创新，不能让规矩束缚了手脚。"金翔龙说。

因为爱酒，出国的时候，最爱带回来的就是各种当地特产名酒，毛里求斯的朗姆酒，俄罗斯的伏特加以及同样来自欧洲的杜松子酒，都是备受期待的。人们普遍反映，经他手调出来的马里布酒堪称一绝，"香得不得了"。

除了酒以外，另一个让学生们受益的，就是金翔龙对茶的偏好。因为长期的野外生活，金翔龙的胃并不好，医生建议他多喝一些红茶。一次，在去福建武夷山开会的时候，当地有人听说了金翔龙的胃病问题，便送了一小罐并不起眼的散装红茶给他。一喝之下，金翔龙为之一振：一股醇厚的香气从喉间直入腹中，暖意随着香气在全身弥漫开来。

"这是什么茶？这么香！"

"这是正山小种。"

回到浙江后，金翔龙对正山小种的兴趣愈发浓厚。他开始翻阅典籍，考证这种看上去并不起眼的小叶子到底哪里来的这么大魅力。一路求索，他弄清楚了锡兰红茶、阿萨姆红茶，也了解到了滇红、祁门红茶，可这些都不如正山小种让他感到亲切舒适，他在雪莱的诗歌里都发现了这几片叶子的身影和气息。

在福建工作的一位学生得知他在"考证"正山小种后，自告奋勇，给他找来了正宗的茶叶。这种诞生于18世纪后期、与航海时代紧密相关的茶叶，就这样在西湖畔的那间办公室里扎下了根，成为这里新的标志。

酒的故事也罢，茶的传说也罢，进入20世纪90年代后，随着在大洋多金属结核资源勘探开发中不断取得实际成果，作为院士的金翔龙在海底科学的多个重要领域实现了一系列新的理论和实践突破，其中热液硫化物就是代表性领域之一。

热液硫化物主要出现在2 000米以深的大洋中脊和断裂活动带上，是海水侵入海底裂缝，受地壳深处热源加热，溶解地壳内的多种金属化合物，再从洋底喷出的烟雾状的喷发物冷凝而成的，被形象地称为"黑烟囱"。热液硫化物是铜、锌、铅、金与银矿的重要来源，且副产物有钴、锡、硫、硒、锰、铟、镓、锗等，据初步估算，仅红海中的热液硫化物中就有铁2 400万吨、铜106万吨、锌以及伴生的铅、银和金290万吨，使之成为日益受到国际关注的海底矿藏。此外，这些生长在海底的"黑烟囱"不仅能喷"金"吐"银"、形成海底矿藏，具有良好的开发远景，而且与它伴生的耐高温微生物很可能和生命起源有关，其基因具有巨大的生物医药价值。

第十二章 经略海洋

孕育和诞生热液硫化物的洋中脊在全球洋底绵延数万千米，在太平洋内，洋中脊主要分布在东部，呈南北向走势，其中南部方向延伸到了印度洋。国际上提出，热液硫化物的形成往往会在快速扩张的洋中脊出现，但在大洋科考的过程中，金翔龙等中国科学家却在印度洋洋中脊西南分支这一超慢速的扩张带上发现了热液区，最终证实在毛里求斯和马达加斯加的东南面海底处存在超大型矿脉。

在这次开拓性的考察中，中国科学家采用先进的海底地震仪设备，通过大容量气枪爆炸产生的地震波进行勘探，给印度洋布置下了一个完美的"中国结"，正是这个"结"捕捉到了岩浆床信号，最终描摹出整条矿脉，这是中国在深部结构研究基础上提出的新的理论与观点，打破了国际传统认知，引发了强烈反响。

进入21世纪之后，金翔龙着手从理论体系和工程研发两个方面推进和完善我国的海底科学研究与探索。

我们生活的星球被称作"蓝色的星球"，蔚蓝的海洋占据整个地球面积的71%，其中深海又占整个海洋面积的92.4%（地球面积的65.4%）。在金翔龙看来，海洋并不仅仅是海水，海洋在完整的概念上是由岩石圈、水圈和生物圈三者所组成的一个会生老病死、也有喜怒哀乐的有机整体。

"如同杯子泡茶，茶是一个杯子、水和茶叶的整体，放到海洋而言，杯子是海底（岩石圈），水是水圈，茶叶则是生活在海洋中的生物。海洋对大气的贡献是巨大的，海水与大气相互交换，影响大气温度的高低和水分的多寡。"金翔龙这样形容他心目中的海洋。

在金翔龙看来，海洋岩石圈是海底的主体，海底是地球系统中海洋岩石圈、水圈、生物圈相互作用最为活跃的界面，也是地球物质循环、能量传输的重要场所。海底研究可以揭示海底的基本特征、变化规律与动力过程，阐明海底演化对资源、环境的关系，为海底资源与环境的可持续利用提供有效的科学理论依据。研究海底的学科不同于传统意义上的海洋地质学或地球物理学，它涵盖着海洋地质学、海洋地球物理学、海洋地球化学和海洋生物学等，学科研究所面对的是海底的自然综合总体。

"海底科学是研究海底自然现象、性质、变化规律以及开发利用的系统科学。海底科学的研究对象是海水覆盖的岩石圈及其与水圈、生物圈的界面。海底科学研究的内容为海底形态、组成、结构构造、地球物理场与演化历史，海底各圈层间和海底与其它海洋圈层之间的相互作用以及海洋权益、战略和海底开发利用等需求的应用基础理论。"金翔龙给海底科学做出了最全面和最精确的定义。他判断指出，海底科学在20世纪的辉煌成就推动过地球科学的发展与革命。进入21世纪，海底科学继续保持着前沿科学的地位。

围绕海底科学的探索，金翔龙引导人们将目光集聚在与"蓝色大洋"相对的"黑色大洋"之上。蓝色大洋是人类传统认识上的大洋,充满着海水,平均水深近4000米,活跃着光合作用的食物链;黑色大洋则是"隐藏"在黑暗的洋底之下的那片海洋,可深达海底之下7000米,是在海底"新"发现的大洋。在幽暗的环境中,含硫化氢或烃类(甲烷等)的热液从海底热液口喷出,耐高温的热液微生物从热液(水)中获得硫化氢、氧和二氧化碳,通过化学合成作用,分解硫化氢获得能量,并将无机碳转化为有机的碳水化合物,释放出硫和水,构成了超乎想象的生物空间——深部极端生物圈。

这是一个中国人既熟悉又陌生的海洋。从学术层面上说,黑色大洋的发现对海底矿产形成和地球生命起源等提出了新的解释,海底高温热液喷口处的矿化作用过程及其"烟囱"产物成为了解地球系统化学物质平衡、循环和热收支等的天然实验室,有助于理解地质历史上地球系统的演化过程和地质记录中各类金属矿床的形成模式与成矿机制,对于揭示洋壳演化历史、探讨海底成矿过程、验证板块构造运动等具有重要的意义。

同时,海底构造和海底热液活动(源)的研究还可有助于异常气候形成的探讨等。海底深部、海底热液喷口及周围所发现的极端环境生物群落构成了深部生物圈,它们揭示了生物可以充分利用地球内部的热能与热液,以热液细菌的化学合成作用过程取代海洋真光层中的光合作用过程来制造维持生命生存所需要的有机营养物质，这对早期生命体起源与演化的认识有重大意义。

除此以外，深化发展海底科学还在于给人类的长期可持续经济活动提供新资源与新动能。从海底矿产资源（滨海砂矿、大洋多金属结核、钴结壳和热液硫化物等）、海底能资源（石油、天然气、天然气水合物和海底热能等）到海水资源、深海生物基因资源、海底空间资源，海底都蕴藏着极大的可能。此外，海底科学对于一个国家维护自身的海洋权益特别是大陆架专属经济区权益、分享国际海底权利和保障国家海洋安全等，也具有重要的作用。

如今，在金翔龙领导下创建的国家海洋局海底科学重点实验室已经整整运作了20个年头。实验室围绕国家海洋权益、海底资源和深海探测技术等国家需求，面向国际竞争，以应用基础研究为重点开展创新性研究，揭示海底的基本特征、变化规律与动力过程，重点突破海底演变机制及其对资源环境控制的关键科学问题，发展海底科学的学科理论体系及深海高新技术，为国家宏观决策提供科学依据，成为海底科学合作研究与交流的窗口和载体。

截至2016年末，实验室固定人员60人，其中，博士生导师8人，硕士生导师20人；博士32人，研究员23人。在以刘光鼎、金翔龙、欧阳自远（我国著名天体化学与地球化学家，中国月球探测工程首席科学家，被誉为"嫦娥之父"）、秦蕴珊（我国著名海洋地质学家、我国海洋沉积学研究的开拓者之一）等院士为首的学术委员会指导下，实验室形成了一支以中青年为主、规模适当、年龄结构和专业结构合理的高素质科研队伍，研究区域涵盖中国边缘海、太平洋、印度洋、大西洋和南北极，主持完成了多项高水平、综合性的国家重大专项，为我国海底科学的发展做出了重要贡献。实验室承担项目包括973项目、863项目、国家自然科学基金、行业公益性专项和国家海洋专项等共计200余项；发表学术论文500余篇，出版专著10余部，论文集6部，申请专利和软件登记证书20余项，编制海洋调查规范（国家标准）和基础地质地球物理图集多部，研制开发海底探测设备20余套。实验室现拥有国际先进的海底勘测与测试研究设备，具备海底地形地貌、综合地球物理、海底地震、综合地质、底质环境和海底资源的自主调查能力，建有岩矿分析、沉积分析、同位素分析、底质声学和综合地球物理解译、技术研发等6个专业实验室，形成岩矿分析、同位素分析、原位沉积学分析和综合地球物理解译等内业分析特色。

西湖之畔，群山之中，盛产中国最著名的一种茶叶——西湖龙井。借助地利之便，在海底科学重点实验室成立后的每年春天，金翔龙都会邀请实验室学术委员会的刘光鼎、秦蕴珊、欧阳自远等几位老朋友一同登临湖畔群山，品尝明前龙井那甘洌清新、沁人心脾的味道。

与刘光鼎院士在绍兴

与欧阳自远院士（右一）在兰亭

与秦蕴珊院士（右二）在杭州

第十二章　经略海洋

这也是一种虎跑泉水与龙井新茶的碰撞，同是来自北京地质学院的他们彼此之间已是极为熟稔，学术和工作领域互有交叉，在学术委员会的新茶聚会上，袅袅的水雾之中，讨论的是海底与深空的对撞，物理与化学的呼应，历史与现实的交融，中国和世界的比照，有时当着学生们的面，几位生性都很活泼的老人家也免不了互相戏谑几句，给学术委员会的凝重气氛增添一些花样色彩。

一次品茶间隙，金翔龙突然给欧阳自远这位"嫦娥之父""踢"去了一个不大不小的"皮球"。

"浙江的龙井怎么样？"

毫无准备的欧阳院士被这冷不丁地问住了。

"好啊，这还有什么可说的。"

抓住这个"好"字的金翔龙得意了，赶紧逼问一句："一壶浙江的好茶，值不值得一瓶贵州的好酒？"

时任贵州省人大常委会副主任一职的欧阳自远这才醒悟过来，不由得哈哈大笑。

第二年，老友再次相逢，当着刘光鼎院士的面，欧阳自远从包里摸出了两瓶茅台，"好酒在此！换你的好茶！"

事后才知道，欧阳院士专门去茅台酒厂买下了这两瓶酒，厂长当时还感慨地说，来买酒的多半是成箱成箱地买，"像您这样一次求购两瓶的'官'，还真不多见。"

如今，飞天茅台和西湖龙井的佳话仍然在杭州继续着。在金翔龙看来，海底科学这门新兴学科正朝着光明的前景迈进。

展望未来，全球海底科学工作者的目标包括进一步研究大洋边缘（包括边缘海）与大洋中脊，揭示海洋岩石圈的结构、组成与演化，深化认识地球的形成与发展，揭示海底大洋和流体活动的性质，研究海底圈层间的热交换和物质交换，探索地幔活动对地球系统的驱动作用，发现与开拓海底新的资源（矿产资源、能源与生物基因资源等），提供人类生存的物质基础。研究热液流体与海底成矿的关系，深入研究海底成矿系统，建立新的成矿理论，指导找矿，发现海底新资源，探索海底过程与全球环境变化的耦合关系和海底过程对灾害（异常）事件的影响，保护地球村，保障人类社会的可持续发展等诸多领域，将在人类迈向美好未来的道路上发挥重要作用。

在推进理论研究的同时，金翔龙也将工作重心逐渐转向推动中国海洋地质装备工程产业发展上来。在整个20世纪，技术装备的落后与匮乏，一直都是困扰几乎每个领域的中国科学工作者的最大难题之一。人们至今仍津津乐道的"用算盘和手摇计算机开始了原子弹设计"的故事固然展现了中华民族奋发图强、迎难而上的坚韧品质，可其中那份苦涩与艰辛，也长期萦绕在每一个中国人心头，始终不能散去。

从抗战烽火中一路走来、在新中国的全国海洋普查中"白手起家"、打开国门之后震撼于发达国家的技术进步……和许多中国科学工作者一样,对先进技术装备的渴求、对发展高科技海洋装备产业的重视,已经成为烙在金翔龙内心深处、不可磨灭的印记。他始终记得在渤海上自己牙咬电缆的一幕,也记得自己在美国参观考察时,对方在休斯敦利用计算机编程、远程遥控达拉斯设备的惊人之举,"科技是第一生产力"对于中国的海底科学而言,一样是颠扑不破的真理。

更何况,在经历了20世纪的飞速发展后,海底探测技术的进步已经成为推动海底科学乃至整个地球科学实现重大突破与进展的最主要的推动力。在2004年发表的《海洋地球物理技术的发展》一文中,金翔龙就明确指出,地球科学20世纪的成就和21世纪的发展前景源自于海洋地球物理技术的飞速发展。海底探测技术的发展促进了许多推动科学进展的重大科学事件的发生。高精度的导航定位技术、海洋重力测量技术、海底声学探测技术以及海底热流探测技术、海底大地电磁测量技术、海底放射性测量技术都是中国海底科学研究必须突破和发展的重要领域。他希望将系统工程理念引入这些领域,以此带动中国海洋科考和勘探、生产装备研发的持续进步。

系统工程,这门人类思想史长河中的年轻成员,直到20世纪50年代末才正式定名,60年代左右初步形成体系。这是一门高度综合性的学术思想和理论,涉及应用数学(如最优化方法、概率论、网络理论等)、基础理论(如信息论、控制论、可靠性理论等)、系统技术(如系统模拟、通信系统等)以及经济学、管理学、社会学、心理学等各种学科。尽管经历了半个多世纪的发展,但它至今仍然是一门年轻的科学,还在不断地发展中。因为普遍适用性强,它吸引了包括钱学森在内的许多原来从事不同学科的学者来研究它,并做出了各自的贡献。

按照传统的定义,系统工程的主要任务是根据总体协调的需要,把自然科学和社会科学中的基础思想、理论、策略和方法等横向联系起来,应用现代数学和电子计算机等工具,对系统的构成要素、组织结构、信息交换和自动控制等功能进行分析研究,借以达到最优化设计、最优控制和最优管理的目标。对金翔龙来说,这意味着高度依赖技术引领的海底科学学科建设也应当打通自然科学、社会科学之间的壁垒,同时将最新的计算机和信息工具引入到工程开发中,通过系统分析、系统设计与系统的综合评价(性能、费用和时间等),用定量和定性相结合的系统思想和方法处理大型复杂系统的问题。

事实上,早在20世纪80年代初的"科学一号"科考船建造过程中,金翔龙就充分运用了系统工程思想指导。将人、物、财、目标、机器设备和信息汇总布局、以计算机信息系统为主轴、引导各个因素之间互相联系、互相融合、互相制约,科考船成为一个仿佛有自主生命的、活生生的整体,也正是因为这样的积极成效，1981年国家鉴定验收组织给出了"系统工程设计思想是正确的、可靠的"这一高度评价。

在"科学一号"的基础上，1991年至1994年，金翔龙又充分运用系统工程思想，在国家海洋局组建现代化的海底探测与信息处理系统。这是一次将"科学一号"船舶建设和陆地基地综合系统进一步提升、使之构建全国海洋海底探测体系的宏大工程。其中，海底探测系统就覆盖了微波和全球定位系统、双频测探、海洋重力、海洋地磁、海底声学成像侧扫系统、海底照相系统和各式海底自动采样设备组成，诸系统可由电脑做统一控制、数字化采集和预处理等，并建有大型X荧光能谱系统等分析系列，对海底样品进行高精度快速分析与测定。

1995年至1996年间，受中国大洋协会委托，金翔龙在国内率先实施了多频、多波束和深海拖曳等现代化大型海底探测系统的引进与改造，并在筹建的海底科学重点实验室中组建与其相配套的图形、图像处理系统。这一系统与此前构建的相关系统进一步融合，使得海洋探测与信息处理系统成为我国大洋海底勘探和大陆架专属经济区基础环境与资源评价等重大项目、任务得以实施的技术支撑基础。

依靠系统工程思想指导，金翔龙在引进先进技术装备的过程中，进一步重视系统消化、吸收、运用、创新以及相关装备制造的国产化问题。"不仅要用起来，还要突破外方设置的技术壁垒"，是他最常说的一句话。这是现实工作实践带给他的深刻体验。在引进剖面仪和全球定位系统的过程中，他就感受到美国方面对中方的封锁与禁锢，卫星定位系统精度严重不足；购买国外设备后受制于对方软件系统的不开放、不完备，一些工作也不能正常开展，这些都让金翔龙深感自主开发、自主设计、自主制造的紧迫。

1996年，在金翔龙等一批科学家的执着推动下，863项目增加海洋专项内容，国家高技术研究发展计划即863计划，堪称我国最辉煌的高技术发展计划，旨在提高我国自主创新能力，坚持战略性、前沿性和前瞻性，以前沿技术研究发展为重点，统筹部署高技术的集成应用和产业化示范，充分发挥高技术引领未来发展的先导作用。在实施以来的几十年间，为中国科技屹立全球前

1998年海洋领域863海底探测专家组合影

列做出了巨大的、不可磨灭的贡献。但在整个计划中，海洋领域一度是个空白。在金翔龙等人的推动下，国家海洋局、地质矿产部、中国科学院等相关机构联合向国家科委反复申请、沟通，终于将海洋技术列入863计划之中，使之成为继生物技术、航天技术、信息技术、激光技术、自动化技术、能源技术之后，得以举国之力进行的重大科研领域。

金翔龙则主持了国家863海洋高技术研究项目"海底地形地貌与地质构造探测技术研究"，组织项目并重点研究海底多波束和深拖系统全覆盖高精度探测技术，自主设计、开发了海底声像处理系统、海底视像处理系统和多波束海底地形电子成图系统等3套软件，打破了国外软件对该领域的长期垄断，研究开发出多波束探测实时监控和处理系统，自行设计研制了声学超短基线定位系统，并大大提高了多波束勘测技术精度，这些成果对我国海底探测、海洋调查、海洋测绘和海底科学等产生了深远影响。

863海洋领域820-01专题负责人1998年合影

针对引进GPS系统部分代码不开放导致精度不足问题，金翔龙提出在我国近海地区设立定位站，用更精确的无线电定位系统进行精度弥补的工作构想。1995年，我国正式启动相关项目建设，先后分3批在沿海投资建设差分全球卫星定位系统。2001年12月29日，差分全球卫星定位系统大连老铁山、烟台成山角两座台站正式建成，并于2002年1月1日零时正式对外开放并提供信息服务。至此，我国沿海20座差分全球卫星定位系统台站全部建成并投入运行，从而标志着符合国际标准的现代化海上高精度导航定位系统，已完全覆盖了从鸭绿江口到西沙群岛的我国沿海海域。它利用航海无线电指向标播发差分全球卫星定位系统的修正信息，可为用户提供全天候、高精度的助航等服务。它的建成和使用，被看作是中国海上导航技术的一次革命。因为这项信息化技术不仅在航海安全、海难救助方面有着广泛应用，对海洋资源开发利用和国防建设来说，也是一项重要的信息化基础设施。

"购买、引进国外设备，是适应我国部分科技装备领域和全球先进水平仍然存在差距这一客观现实，弥补我国科学研究工作急需的重要举措，但买了国外设备不意味着就要靠在国外公司、机构的身上，靠他们的软件、服务过日子，我们完全可以在引进的基础上积极消化、吸收、再创新，完全可以自己做软件，翻个身子，掌握一定的主动权。"金翔龙说。我国大深度载人潜水器研制构想早在20世纪90年代初就被提出，但由于我国对深潜器的需求不强烈、研制投资过大等原因，这一构想一直未能得到落实。到了20世纪末，随着中国大洋协会在海底调查研究工作方面的深入，对大深度载人潜水器的应用需求也越来越迫切。2001年年初，时任工程院院长、原国家科委主任宋健院士在听取有关汇报的时候，指出要敢于创新，研制超越世界水平的7 000米载人深潜器。

然而，在科技立项审议过程中，关于载人潜器的必要性、需求方向、研制目标等问题都存在较大争议，导致评审一度陷入僵局。在第三轮评审开始前夕，宋健找到金翔龙，征求他的意见和看法。

在交谈中，金翔龙向宋健提出，深海载人潜器的研制可以分成两步走，第一步是"就事论事"，先造出单艘潜器，完成技术突破、研制验证等关口；其次，以系统工程理念为指导，将潜器的研发、生产系列化、成套化，同时配套建设相关产业链条和深海基地以及母船、水下通信系统等，从而将潜器研发的效应最大化，使之成为我国深海学科建设的重要支柱之一。

"这和航天工程其实是一个道理，以单个深海潜器的研制开启中国深海工程的宏大篇章。"金翔龙用恳切的目光看着宋健。

宋健陷入沉思。他想了想说，我们先造一条，有没有比好不好更重要。

当年12月，在科技部863计划自主化领域专家组的主持下，中国船舶重工集团公司702所、中国大洋协会、中国科学院沈阳自动化研究所、中国科学院声学研究所、中国船舶重工集团公司701所共同编写完成了7 000米载人深潜器的总体方案。2002年6月11日，科技部正式把7 000米载人深潜器列入国家863计划重要专项，研制目标瞄准国际深海探测领域的领先水平。从此，大深度载人潜水器终于应"用"而生。为了使"蛟龙"号载人潜水器研制成功能够投入日常使用，项目一开始即从系统工程管理角度出发，从载人潜水器本体系统、水面支持系统、潜航员选拔培训和深海基地建设4个方面构建了项目总体框架。从项目总体层面，成立了总体专家组，在各系统内分别成立了潜水器本体总师组、水面支持系统总师组、潜航员选拔培训专家组、国家深海基地建设专家组等技术组织，为项目各系统的顺利实施创造了组织条件。

2009年至2012年，"蛟龙"号接连取得1 000米级、3 000米级、5 000米级和7 000米级海试成功。2012年7月，"蛟龙"号在马里亚纳海沟试验海区创造了下潜7 062米的中国载人深潜纪录，同时也创造了世界同类作业型潜水器的最大下潜深度纪录。这意味着中国具备了载人到达全球99.8%以上海洋深处进行作业的能力。

在深海基地选址过程中，金翔龙也力排众议，指出和上海相比，由青岛作为深海基地更合适。同样具备优良港口和先进造船工业，"放在上海未必出彩，但放在青岛，就是这座城市的重中之重"。他的意见一锤定音，深海基地花落青岛。

在研制"蛟龙"号的过程中，海洋装备产业特别是海底勘探开发技术装备的落后又一次牵动了金翔龙的心。中国正在向全球重要的深潜国家前进，在追赶俄罗斯、法国和日本的过程中，装备制造仍然存在诸多瓶颈与桎梏，令相关计划受到一定影响。以"蛟龙"号为例，其中部分构件所使用的钛钢，就需要从俄罗斯进口，潜器上浮的浮力材料也需要从美国购进——这种看起来毫不起眼、看上去比指甲盖还小的玻璃球，美国3M公司可以做到大小均匀一致，而我国现有制造水平仍然达不到要求，只能靠大量进口国外次品后再次打磨、胶合，成本大幅提升不说，性能还达不到国际先进水平。

"装备不解决，什么理论研究都是空的。"金翔龙说。在他看来，这不仅是技术开发进程滞后的问题，更是我国海洋科学、海底科学研究方向缺乏市场化、产品化理念，产业链条没有形成，科研与市场形成了"两张皮"的严峻现实。

2003年，金翔龙和浙江大学陈汉林教授等一起率队赴新疆考察，方银霞也在这支小小的队伍中。短短的10多天行程里，他们两次翻越天山，一次穿越沙漠，一天行程近千千米是旅途常事。从世界四大草原之一的那拉提草原离开，他们驾车直驶217国道，在这条也被称为独库公路的绵延山路上，他们穿过天山海拔3 700米的铁里买提达坂和海拔3 390米的哈希勒根达坂隧道，山路的北边是和缓的山峦和冰封的雪峰，山脊上浮云流动，山坡下辽阔的巴音布鲁克草原上牛羊成群，给每一位考察队员留下了深刻印象。通过哈希勒根达坂隧道时，在较低的大气压下，越野车水箱里的水一直咕噜咕噜滚个不停，司机抓了点积雪用来降温，车辆最终有惊无险越过了天山山脉。

2004年，金翔龙已经年过69岁了。正任山东理工大学环境学院名誉院长的他决定赶在70岁前把驾照考下来。整个山东理工大学的汽车学院都被惊动了。小伙子们摩拳擦掌，打算给这位老人家"帮点忙"。金翔龙谢绝了年轻人的好意，他觉得自己没问题。

考试当天，排在前面的年轻人中"栽"了几个，当一头白发的金翔龙上场时，人们就更加替他捏把汗了。他倒是若无其事地松手刹、点火、踩油门，行云流水，一气呵成，直到最后倒车项目时，眼见着车尾距离横杆只有一指头的距离，现场的人都倒吸了一口气，只见那台教练车一轰油门，过了！

"我技术其实没那几个小伙子好，但是我心里想得清楚，他们的问题就是太着急了，一着急，技术就走形，自己把自己弄乱了。我一看还剩一指空间，干脆一脚踩下去，然后立刻熄火、拔钥匙，绝不画蛇添足，那时候稍微动一下我就得出局。"10多年后回忆那一幕，80多岁的金翔龙依然很是得意。

2009年，金翔龙和国家海洋局第一海洋研究所副所长李培英等专家一起奔赴南极，参加我国第26次南极科考。他们乘坐飞机经过法国巴黎飞抵智利首都圣地亚哥，在那里稍作停留后转飞"南极小镇"蓬塔阿雷纳斯，再从这里搭乘智利空军的"大力神"运输机飞抵乔治王岛，登陆中国科考站长城站，在那里开展为期一周的冰川考察。

有着30多年历史的长城站位于乔治岛的菲尔德斯半岛上，背靠终年积雪的山坡，水源十分丰富。这里地势开阔，滩涂长约2 000米，宽约300余米，是企鹅自然保护区、鸟类自然保护区、鲸鱼保护区、植物和化石保护区，也是科学家进行考察的理想场所。

就在他们抵达的同时，从上海出发的"雪龙"船也如期顺利

2009年南极考察期间在中国长城站合影

抵达长城湾。船上带来的物资让长城站的生活面貌为之一变，而几位老科学家提前储备在船上的几瓶好酒也顺利"到访"，成为会师过程中最具分量的"见面礼"。

每年的12月到次年的2月，是南极的夏季，适宜科考，通常这个时节的南极半岛特别是乔治王岛区域，冰山和积雪会显著消融，黄色的地衣和微微发绿的苔藓都会在裸露的岩石、砂砾地表上随风摇曳，展示着极地难得一见的勃勃生机。然而金翔龙没能遇到这样的美好景象，当年由于气候意外的寒冷，夏季的南极依然被冰雪所遮盖，漫天的冰雪之中丝毫看不出一点夏季的影子，冰川考察的难度超出了此前的预期。长城站调动了多辆雪车，护送他们前往冰盖。在往来穿梭的行程中，企鹅成为他们最好的陪伴。这些礼貌的"绅士们"通常不会躲避科考队员，当金翔龙在冰盖上工作时，一些胆大的企鹅还会摇摇摆摆地走过去一窥究竟。

2009年南极考察间隙观察南极企鹅

2012年，金翔龙再次受邀赴北极考察。他乘坐飞机抵达位于北纬78度55分，东经11度56分的挪威斯匹次卑尔根群岛新奥尔松。我国首个北极科考站黄河站就坐落在这里。建立于2004年7月28日的北极黄河站是中国继南极长城站、中山站两站后的第三座极地科考站，中国也成为第八个在挪威的斯匹次卑尔根群岛建立北极科考站的国家。

2012年在北极船艇码头

北极黄河站最值得称道的是拥有全球极地科考中规模最大的空间物理观测点。金翔龙的任务之一，就是为这里巨大的天线网阵布局提供建议，第二个任务则是考察冰川入海口。巨人的冰川从群岛的山上绵延而下，沿着山谷以不可阻挡的气势直冲入海，尽管随着全球变暖，冰川的"舌头"在不断地向后退缩，但亲临现场的观摩仍然让人感受到冰川与海浪之间的"战斗"风采。

在北极黄河站考察

在北极，金翔龙还拜访了挪威和美国合作建设的科考站，在这里设有一个绝对重力值测量基点，由于使用了现代化的传输手段，所有观测数据都通过海底有线电缆可以实时传回大陆，这一点给金翔龙留下了深刻印象；在卑尔根群岛上，他还抽空进行了地质考察，摸清了北极区域的地质地层情况，带回了大量珍贵的北极地区植物化石。

2009年至2011年，金翔龙还两次参加了中国工程院战略咨询项目"中国海洋工程科技中长期发展战略研究"，主持了"中国海洋探测与装备发展战略研究"项目。在这两年，他对国内外相关海洋工程科技及产业部门进行了实地调研、考察，组织国内相关数十位专家学者进行详细论证，为我国海洋工程科技的中长期发展之路提供了宝贵借鉴。

第十二章 经略海洋

观察北极船艇码头靠港调查船的样品处理

2012年11月8日，中国共产党第十八次全国代表大会在北京召开。大会报告明确指出，"提高海洋资源开发能力，发展海洋经济，保护海洋生态环境，坚决维护国家海洋权益，建设海洋强国"。

这是中国历史上第一次将"建设海洋强国"明确作为国家发展战略，全球为之震动，日本《读卖新闻》还专门刊发文章评论指出，这意味着中国"将沿袭扩大海洋权益的路线"。

仅仅8个月后，中国再次向世界发出了"海洋强音"。2013年7月31日，中共中央总书记习近平在主持中共中央政治局第八次集体学习时强调，建设海洋强国是中国特色社会主义事业的重要组成部分。党的十八大作出了建设海洋强国的重大部署。实施这一重大部署，对推动经济持续健康发展，对维护国家主权、安全、发展利益，对实现全面建成小康社会目标、进而实现中华民族伟大复兴都具有重大而深远的意义。要进一步关心海洋、认识海洋、经略海洋，推动我国海洋强国建设不断取得新成就。

这是时代的强音，也是历史的呼唤——在金翔龙看来，中国自古就是一个陆地与海洋兼备的大国。从秦汉时期开辟的海上丝绸之路到唐宋时期航海技术领先世界，从"海客谈瀛洲"到郑和下西洋，从朝鲜到日本，从马来群岛、印度直至东非海岸，满载着中国人和中国货物的船只都曾通行无阻，缔造了影响深远、和平共处、互补共赢的亚洲海洋文明模式，形成了中华海洋文明开放、包容、自信、多元的文化特征。金翔龙熟读黑格尔的哲

2012年主持中国工程院海洋探测与装备工程发展战略论坛

学，却不认可他那句"中国是一个与海'不发生积极关系'的民族"；他对封建统治末期中国逐步丧失海权意识、主动退出海国竞逐的萎缩与挫折痛心不已，他把自己的一生都奉献给了中国的海洋事业，海洋已经融入他的血脉，在他的血管中奔淌；他终于等到"海洋强国"战略提出的历史性一刻，在21世纪第二个十年到来的时候，他还有太多的工作摆在面前，需要他在人生跑道上加速冲刺。

"回顾历史，有人拿迁海令和封海令当证据，说中国是黄土文明，拒绝海洋，这是不正确的。这只是个别封建王朝的错误政策，不能和所谓的'民族本性'画等号。春秋战国时代齐国的海军和海洋经济就非常强大，管仲、晏子都有发展海洋贸易的思想，战国时期就有对朝鲜半岛丝绸贸易价格变动的记载，我们怎么会拒绝海洋呢？现在我们正在落实'一带一路'倡议，从南海到亚丁湾，中国的海洋空间只会越来越广阔。"金翔龙说。

此时的他，丝毫看不出已届耄耋之年，他的腰板笔直、声音洪亮，在全球范围内奔走穿梭，习惯在手机上收发文件、翻弄微信，他的身边始终活跃着一群年轻人，他被视为中国海洋科学特别是海底科学的领路者与掌旗人。事实上，从1985年调入国家海洋局第二海洋研究所以来，他就开始默默地培养年轻的海底科学家，把他们引向科研的第一线，组成了一支年龄结构合理、洋溢着活力的研究队伍。他喜欢年轻人的奇思妙想，愿意为他们遮风挡雨，他最大的乐趣之一就是给他们争取项目和经费，让他们"胡闹"，在看似不可能的方向和领域中做出令人意外赞叹的成绩；从大学期间的"不务正业"，到"文革"期间自学英语和数学，再到改革开放打开国门之后从西方汲取现代信息技术与计算机知识，他始终对最新科技前沿抱有浓厚兴趣；他花大力气指导培养研究生，他希望他们像孙悟空一样能够跳出圈子，大胆地闯和试，从海洋地球物理到海底构造，从海洋地质到海洋矿物，从海洋地球化学到大洋矿床和模式识别与图像处理，任何年轻人感兴趣的课题，他都乐于参与，他带出来的队伍遍布全球各个研究机构，他自己是院士，他的学生中也有人当选院士，他们在中国的海洋事业中发挥中流砥柱作用，也为世界的海洋事业发展注入新的动能。

这时的金翔龙，已经从更宏观的层面考虑中国海洋资源开发与海洋经济发展问题。2010年，他受聘担任评审组长，主持全国海洋功能区划编修评审工作。区划作为我国海洋空间开发、控制和综合管理的整体性、基础性、约束性文件，是编制各级各类涉海规划的基本依据，是制定海洋开发利用与环境保护政策的基本平台，区划对于落实国家级发展规划、推动海洋经济发展、支持东部地区率先发展、保障沿海地区社会和谐稳定具有重要意义。我国的海洋资源开发利用活动开始于20世纪80年代末期，一度由于区划不明，各地自行其是，海洋资源开发出现过复杂化、多元

第十二章 经略海洋

国务院领导听取中国工程院"浙江沿海"项目成果汇报会合影留念
（第二排左起第四位为金翔龙）

化态势，隐患突出，国家海洋局会同有关部门于1989—1993年、1998—2001年开展了两次大规模的海洋功能区划工作，主要成果得到广泛应用。2010年，国家海洋局启动我国最新一轮海洋功能区划（2011—2020年）修编工作，将海洋基本功能区分为农渔业区、港口航运区、工业与城镇建设区、矿产与能源区、旅游娱乐区、海洋保护区、特殊利用区和保留区等8个一级类型和22个二级类型，对10年期间我国管辖海域的开发利用和环境保护作出全面部署和具体安排。

作为海洋功能区划专家委员会主任委员和评审负责人，金翔龙完全明白海洋功能区划的重要性。在出席专家委员会会议时，他说，我们要认识海洋、开发海洋和管理海洋，如果不了解海洋的属性，不进行分类，不进行科学区划，就会一事无成，杂乱无章，甚至会发生重大的事故，给

2011年1月在江苏南通近海海域实地考察

我们的子孙后代带来不可逆转的后患。我们管理的目的，不仅要认识海岸带、海域的自然属性，还需要对它的社会属性进行认真研究，其中包括海岸带和海域使用状况、经济发展状况等，"把自然属性和社会属性综合在一起进行分类，进行区分，来服务于海洋管理。这就是我们海洋功能区划的基本思路"。

他向委员们提出，专家委员会应该是承担海洋功能区划技术咨询、技术管理和技术监督的一个机构。职责繁多，但归纳起来应该有两个方面：第一个方面在具体的功能区划评审、监督、管理中要发挥专家咨询把关的作用，实际上也就是配合国家海洋局海域综合管理司做好海洋功能区划管理方面的工作；第二个方面，就是在海洋功能区划的理论体系、技术体系方面要发挥各位专家的理论优势和实践经验，推动海洋功能区划体系的不断完

善，引导海洋功能区划的研究和创新，对海洋功能区划的编制起到指导作用。

他的发言赢得了专家和委员们的一致认可。在近3年的时间中，他实地考察了全国11个省、自治区、直辖市的海洋基本状况，了解各地海域使用、海洋产业发展等情况，组织评审完成了全国11个省市及全国的海洋功能区划修编工作。

2012年主持完成全国11个省、自治区、直辖市以及
全国的海洋功能区划修编工作

2012年4月25日，新华社从北京发出消息，《全国海洋功能区划（2011—2020年）》正式公布。区划提出了"规划用海、集约用海、生态用海、科技用海、依法用海"这5个用海的指导思想。同时提出到2020年，海洋保护区总面积达到我国管辖海域面积的5%以上，近岸海域海洋保护区面积占到11%以上；海水养殖用海的功能区面积不少于260万公顷；大陆自然岸线保有率不

低于35%；完成整治和修复海岸线长度不少于2 000千米。字里行间，与金翔龙在评审期间提出的"随着海洋开发的持续快速增长，海洋功能区划对海洋开发、保护和管理的指导作用也需要加强，而且要与经济发展同步，甚至在一些理念上要超前一些，才能做好服务"的理念高度契合，而在区划颁布的同时，人们也记起了他的另一句话："海洋部门更要做好海洋功能区划的工作，严格执行制定的海洋功能区划"。

在专家委员会评审过程中提出这句话并不是金翔龙心血来潮、危言耸听，而是对我国海洋工程领域沉痛教训的深刻反思。2003年初，以修建通岛公路为标志，河北唐山曹妃甸拉开了填海造地的序幕。经过10年开发建设，这个昔日涨潮时面积不足4平方千米的小沙岛，累计完成210多平方千米的填海造地，投入开发资金3 000多亿元，钢铁、石化、装备制造、港口物流等行业发展已颇具规模。在相关填海方案审查过程中，金翔龙就敏锐地注意到相关工程贪大求全，填海范围过大导致岛屿之间原本存在的海水潮汐通道全部被堵死，有可能对生态环境造成难以挽回的破坏性影响。金翔龙对方案提出反对意见，在和地方相关部门沟通时，他还略带诙谐地批评说："你们不如把渤海都填了算了。"由于金翔龙的坚持，规划建设方案最终得以修改，重新打开海水潮汐通道，金翔龙这才签字认可；在港珠澳大桥建设方案审查过程中，面对白海豚保护难题，金翔龙等专家建议将中间部分通道

第十二章 经略海洋

金翔龙2001年在中国海洋学会年会上作报告

从桥梁和浮岛改建成海底隧道，这一建议被接受，建设方采取沉箱法，实现了工程与环境的融洽相处。

在习近平总书记围绕海洋强国战略所做的深刻阐述中，他强调，要发展海洋科学技术，着力推动海洋科技向创新引领型转变。建设海洋强国必须大力发展海洋高新技术。要依靠科技进步和创新，努力突破制约海洋经济发展和海洋生态保护的科技瓶颈。要搞好海洋科技创新总体规划，坚持有所为有所不为，重点在深水、绿色、安全的海洋高技术领域取得突破。尤其要推进海洋经济转型过程中急需的核心技术和关键共性技术的研究开发。

创新引领、迈向深海——在金翔龙看来，海洋资源的合理开发和有效利用则与海洋经济的可持续发展密切相关，而海洋资源的丰富性、多样性特征决定了海洋开发任务的艰巨性和复杂性。只有不断提升海洋科技创新及科研能力，才能不断提高海洋资源开发及可持续发展能力。在深化近海、强化远海、拓展能力、支撑发展的海洋科技指导方针，加强海洋基础性、前瞻性、关键性技术研发的过程中，形成具有中国特色的、居于全球领先地位的海底科学学科建设，对于更加有效地维护我国海洋权益、更有力地支撑海洋强国建设具有决定性的作用。

在2013年完成的《海洋探测与装备工程发展战略研究》课题中，金翔龙等提出，当今，开发海洋蓝色国土、拓展生存和发展空间，已上升为世界沿海各国的国家战略，而海洋工程与装备是进行海洋开发、控制、综合管理的基础，集中体现着国家海洋

2012年在第一届可再生能源会议上主旨发言

竞争力；同时海洋工程装备技术水平在一定程度上标志着国家综合国力和科技水平，也需制定海洋探测技术与装备工程系统发展的国家规划。他们建议，我国应集中力量突破深海探测与监测通用技术与专用材料核心技术，重点开展深海通用技术研究，实现我国海洋探测与监测通用技术整体提升，并在2020年前初步完成海洋探测与监测关键基础零部件研制体系的构建，实现海洋探测与监测通用技术中关键仪器设备、平台的自主研制、生产，形成几家具有自主知识产权和竞争力产品的骨干企业，最终实现我国海洋探测与监测通用技术及仪器设备的系列化、产业化、市场化。

为了推动国产化和自主产业链条的建设，金翔龙近年来"一个项目一个项目地推进，一个企业一个企业地开发"，在他看来，购买国外装备并不是长久之计，扶持本土海洋装备企业崛起、进而争夺全球市场和标准话语权，才是最终的努力方向。

2016年5月30日，全国科技创新大会、中国科学院第十八次院士大会和中国工程院第十三次院士大会、中国科学技术协会第九次全国代表大会在北京人民大会堂隆重召开。中共中央总书记、国家主席、中央军委主席习近平发表重要讲话，他说，广大科技工作者要把论文写在祖国的大地上，把科技成果应用在实现现代化的伟大事业中。这句话让在场的金翔龙热血澎湃。中国的海底科学要面向全球立足中国的海底，就意味着需要发动一切力量，让论文和科研走到火热的生产实践中，和"中国制造"结合，生成更加耀眼夺目的"中国智造"。

现在，年过八旬的金翔龙仍然奔走在产业一线。在得知全球知名的鹦鹉螺公司向福建马尾造船厂订造可用于热液硫化矿勘探开采的新型深海采矿船时，他希望国家发展和改革委员会支持将相关技术应用到中国同类项目上，开发中国自主知识产权的深海采矿船；2015年4月，中国南车旗下子公司株洲南车时代电气股份有限公司斥资约1.3亿英镑（约合12亿元人民币）正式收购世界知名海工企业、全球深海机器人第二大提供商和国际领先水平海底工程机械制造商SMD 100%的股权，与其已有的海上风电业务、陆地工程机械和石油钻井变频装备业务互相呼应，形成陆地轨道交通装备产业外第二大产业板块，这个消息让金翔龙感到振

2016年12月13日，在全国海洋科技创新大会上金翔龙与王颖院士（中）和陈大可院士（右）合影

2016年获国家海洋局颁发终身奉献海洋纪念奖章（右二为金翔龙）

奋，他在新的重大勘探业务中不断扩大深海机器人的应用范围，从而为我国企业新业务和装备能力的市场化提供空间。

"我们在勘探技术应用上已经达到全球先进水平，我们正在解决装备制造落后这块心病。在探索深海奥秘的道路上，中国的科学工作者没有缺席，中国的企业也不会缺席。"拨弄着面前的地球仪，金翔龙说。

2017年1月，金翔龙再次来到广州，在这个毗邻海洋、以对外开放和海上贸易著称的"千年商都"参加海洋工程技术论坛。他向台下数百名海洋工程企业负责人、科研工作者、投资人士和媒体代表说，中国不仅是海洋大国，还是历史上的海洋强国，国际上有人对中国复兴海洋强国战略说三道四，对中国的海底工程技术装备产业发展不屑一顾，但这都没有关系，我们的确还有很长的一条路要走，可能还会遇到很多艰难险阻，但谁也阻挡不了中国复兴海洋梦的脚步，我们有义务为世界其他海洋国家成功摸索出一条人类社会与海洋和谐共处，资源与消耗良性循环的海洋建设之路。

"人类正站在一扇新的知识大门面前，敲响它，海底科学的研究将在这个新世纪的未来大放异彩，促使人类对地球系统科学理论的发展做出重大的新突破，产生崭新的学说。"说到这里，白发苍苍的金翔龙用力挥舞了一下手臂，不远处大屏幕上那颗蓝色的星球就在这一瞬间急速地旋转起来。

后　记
80岁的年轻人

8点20分左右,我匆匆忙忙跑进位于西湖畔的国家海洋局第二海洋研究所大门,电梯里遇见了一位还没吃早餐的年轻人。我向他打听金翔龙院士的办公室究竟怎么走。

"出电梯后右拐第二个门,敲门就行,他在的。80多岁的人了,天天第一个上班。"这个年轻人以绝对肯定的口吻说。

我走出电梯,右拐,还没敲门,门就开了。一头熟悉的白发出现在我面前,下意识地一看手机,8点30分整。

按照惯例,金翔龙老爷子开始煮水泡茶。他自己打开纯净水桶,熟练地插上电动抽水泵,挑出茶叶,冲泡、倒水一气呵成。如果要喝咖啡,他就会搬出咖啡机,照着这套流程再走一遍。

该自己办的事情,绝不假手他人。这就是金翔龙的风格。

他的日程排得极其饱满,就像密不透风的高粱地。我不止一次听所里和其他地方的同志很诚恳地说:"金老师你可不能这么跑了，你休息两天吧。"现在，据说整个国家海洋局第二海洋研究所都在为老爷子调控时间。

老爷子的身体很好，除了年轻时打下的底子，或许和他的性格密不可分。很多人说，老爷子几乎从来不动气。他自己也说过，生气、发火对工作和人生都毫无益处，有空骂人，不如想点办法解决问题。

也正是因为如此，"金老师"3个字的号召力就绝不只是学术研究那一亩三分地。在海洋二所里，年轻人喜欢跟着老爷子找饭吃——这是真正的找饭吃，老爷子夫妻俩不太动火做饭，周围的小饭馆被他俩研究了个底朝天，"只要好吃的店，金老师都去过。""我们就指着金老师找午饭了。"一个姑娘很认真地对我说过这句话。

天气好的时候，你就能看见，这对白发夫妻带着一支小小的、花枝招展的队伍，在大街小巷走来走去地找小饭馆。他们不太走大路，而是在各个大学院校的校园之间穿梭往来，从没有人拦阻——就靠着老爷子的外貌，甭管走哪里都没人拦着，保安说了，这一看就是大教授。

老爷子有时打牌。他的牌，外面找不到，5是方丈平顶海山，7是中国首个热液区喷口生物，8是多金属结核，剩下的还有蓬莱海山、热液鱼新种，拿起扑克，整个海底世界都在掌握之中。

这副牌，他打了一生，打得惊天动地。